16.⁸⁰

Livia Svevo · Italo Svevo

LIVIA VENEZIANI SVEVO

Das Leben meines Mannes Italo Svevo

AUS DEM ITALIENISCHEN
VON
EVA WECKHERLIN

MIT EINEM VORWORT
VON
ECKHARD HENSCHEID

FRANKFURTER VERLAGSANSTALT

Titel der italienischen Originalausgabe
»Vita di mio marito«
Die Erstausgabe erschien 1950 bei
Edizione dello Zibaldone, Triest.
Zweite, revidierte Ausgabe, 1958.
Copyright © 1976 by
dall'Oglio Editore, Mailand

Umschlagfoto-Vorlage
aus dem Privatbesitz von
Eckhard Henscheid:
Italo Svevo im Jahre 1895,
ein Geschenk von Letizia Svevo-Fonda Savio

Deutsche Erstausgabe

Alle deutschen Rechte
und alle Rechte am Vorwort vorbehalten
Copyright © 1994 by
Frankfurter Verlagsanstalt
Satz: LibroSatz, Kriftel
Herstellung: Offizin Andersen Nexö, Leipzig
ISBN 3 627 10237 1

Inhalt

VORWORT

Von Eckhard Henscheid

»Gattin«, »Schwester«, »Knospe«, »Ziege«: Was nun war sie ihm? Wohl diese vier vor allem. Seltsamerweise »Geliebte niemals«. Gegen diese jedenfalls verwahrt er sich mit dem Beginn seines Tagebuchs ganz entschieden und frappant genug: »Geliebte niemals; das ist wirklich das Wort, das ich am meisten hasse.« Womöglich hängt nämlich schon dies scheint's harmlose Wörtchen bei Svevos ausgeprägter Sprachempfindlichkeit mit dem zusammen, was er, im selben Brief, als das »Leben in seiner ganzen Vulgarität« bezeichnet; dem eben die Liebe als Kontrapunkt entgegenzuwirken habe.

Vielleicht war es auch nicht der geringste Zweck der kurz vorher im Dezember 1895 erfolgten Verlobung mit der dreizehn Jahre jüngeren Cousine zweiten Grades mütterlicherseits, Livia Veneziani, diesem beim 34jährigen Ettore Schmitz schon beherrschend, ja pathisch gewordenen Gefühl von der Nutzlosigkeit und Plattheit der allgemeinen und doch speziell seiner Existenz durch schiere Sinnerfindung einen Riegel vorzuschieben. So daß Livias späteres Notat, es sei diese Verlobung inklusive Ettores Verliebtheit das jedenfalls bis dahin »größte Ereignis seines Lebens« gewesen, noch jenseits seines etwas unbescheidenen Parteiischen vermutlich durchaus seine Wahrheit hat. »Ettore, der Zerstreute« gewann mit dieser Ehe Konsistenz, ging mit ihr wohl akkurat so weit im Gehege des Bürgerlichen auf, als es seinem Werk und Leben guttat.

Wer war Livia Svevo-Schmitz, geborene Veneziani?

Eine Frau, die da mindestens zweieinhalb Genies (Svevo, Joyce und den Kritiker Benjamin Crémieux) für sich einzu-

nehmen vermocht hat, verdient unser Interesse doppelt –
und daran hat es denn im Zuge der eher bescheidenen My-
thisierung von Italo Svevos Leben und Werk von Anfang an
nie ganz gefehlt. Durchaus nicht ohne Koketterie zitiert die
Witwe Svevo-Schmitz James Joyce, dieser, der einstige Englischlehrer und unschätzbare Mentor ihres Mannes, habe im
berühmten »Anna Livia Plurabelle«-Kapitel seines letzten
Romans auch »die Haarpracht von Frau Svevo verewigt. Es
waren lange und blonde Haare«. Ein zweites sie selbst lite-
rarisierendes und legendisierendes Moment weist Livia, dies-
mal ihren Mann zitierend, allerdings gutgelaunt nochmals zurück: Auch wenn sie den »Charakter« der berühmten Ehefrau
Augusta des noch berühmteren Romanhelden und Schmitz-
Alter ego Zeno Cosini haben sollte – schielen tue diese Moglie,
darauf habe schon der verewigte Ettore bei Vorstellungen
Wert gelegt, aber realiter nachweislich nicht.
»Livia Veneziani, geboren für Schmitz« (Svevos *Diario*
6. 3. 1896): Für den Schriftsteller wie für den bürgerlichen
Ehemann Ettore Schmitz war die heimgeführte Livia vor
allem und unverbrüchlich das Bild des Reinen, des Gütigen
und des Sanften – »wie gut und sanft sie immer zu mir war«,
so zitiert Livia gegen Ende ihres Erinnerungsbuchs *Vita di
mio marito* nicht ohne verklärenden Stolz eben diesen – ein
Ideal, wie es Svevo in seinen Büchern mehrfach, fast immer
ganz ohne Ironie und humoristische Brechung und am
schönsten in der Sterbeszene des ältlichen Fräuleins Brentani
in *Senilità* bezeichnet hat: Deren erotische Lebens- und To-
desphantasien seien wie das »Wüten der Güte und Sanftheit
selbst«. Allerdings, auch Ettore entsprach diesem Ideal
scheint's nicht schlecht; das wird aus Livias Buch, dieser
Verklammerung von Brief, Bericht und Kommentar, schön
deutlich und bestätigt eine ohnehinnige Vermutung: Ettore
Schmitz war einer, den man sehr wohl gern in sein Haus
gebeten hätte, er war offenbar ziemlich genau das, was die

Imagination sich bei der Lektüre aller seiner Romane freund-
lich ausmalt. Nämlich schon der junge Schmitz war wohl
auch, aber nicht primär, ein zerstreuter und verquälter und
mitunter »geistesabwesender« (Livia) Mensch und später
höchstens nebenbei »ein wirklich eitler alter Mann« (Brief an
Crémieux vom 5. 5. 1928), dem die Komik seiner zuletzt
allerdings aufrichtigen, fast ungescheuten Öffentlichkeits-
und Ruhmgier (»Ich bin 65 Jahre alt und habe keine Zeit zu
verlieren«) ja keineswegs entging. Sondern vor allem, Livias
Aufzeichnungen bestätigen und vergenauern es, ein liebens-
werter, umgänglicher, kordialer, auch aufopferungsvoller
Mensch und Freund, Liebender und Vater, Bürger und Herr.
Dessen »Augen häufig voller spöttischer Gutmütigkeit funkelten«, der, bis hin zu der von Livia weitgehend verifizierten
Legende von der nun wirklich letzten Zigarette nach dem
todbringenden Autounfall September 1928, viel »über sich
selbst lachte« und der scheint's vor allem auf Reisen zu Enter-
tainer-Hochform auflief: »Nie habe ich so viel gelacht. Er
war immer zu Scherzen aufgelegt.«
Denn, in der Folge einer unmittelbar Hegelschen Kausalität
nicht zu vergessen: Dieser Schopenhauerianer hatte, so
Livia, »einen sehr großen Kopf«.
Der brachte nicht nur Hutprobleme mit sich, sondern jenseits aller freundlich-bonhommistischen Lebensattitüden
auch ein hohes Maß an Verletzbarkeit, dazu einen besonders
gut ausgebildeten Riecher fürs falsche, fürs ungelebte Leben;
was alles zusammen ihn schließlich, um 1900 und forciert
durch peinigende Mißerfolge und Versagungen, für ziemlich
lange, ja beinahe für ewig Abschied von der Literatur nehmen hieß. Mit dem weithin weltberühmten Diktum vom
Dezember 1902: »Ich habe nun endgültig diese lächerliche
und schädliche Sache, die sich Literatur nennt, aus meinem
Leben ausgemerzt.« (Diario) Weil, »nur mit der Feder in der
Hand denken zu können«, das sei, so Svevo-Schmitz, gleich-

bedeutend mit Lebensunfähigkeit – eine Variante dessen
hatte er ja schon mit seinem Erstroman *Una vita*, ursprüng-
lich *Un inetto* auskomponiert.

Erst das wenige Jahre später von Joyce initiierte und eher
mähliche und quasi zweiteilige Auferstehungs-»Wunder des
Lazarus« wehrte da für uns Leser Verhängnisvolles ab; und
Livia bestätigte nur, was man schon wußte: daß Joyce inso-
fern mehrfach als »Glücksstern in Ettores Leben« geschim-
mert habe.

Ein zuweilen etwas Schulmäßiges, Steifleinernes und auch
Gouvernantenhaftes, manchmal sogar – übersetzungsbe-
gründet? – Ledernes geht von Livia Schmitz' Erinnerungs-
kompendium aus; häufiger eignet ihrer schön altmodischen
Diktion und stets beschaulichen Darstellung auch etwas recht
Apartes und Anrührendes. Der letzte Satz des Buches scheint
zumindest die altgewordene, ihren Ettore um 29 Jahre über-
lebende Witwe als überaus romantisch-sentimentalische Seele
auszuweisen – das war sie gewiß auch, aber nicht nur. Alles
andere als eine matrimoniale *femme fatale* von inspirations-
verwalterisch wichtigmacherisch-kongenialer Pose oder der
amanten-urmütterlichen Spätprototypik etwa der alma-mah-
lerschen Manier, würde sie gleichwohl unterschätzt, vermutete man in ihr nur die Protagonistin und Protektorin
einer insgesamt wohlproportionierten Ehe; eingebettet in die
»heitere und geordnete Atmosphäre um uns herum«, nämlich
nach 1896, dem Jahr der Eheschließung und mithin der Beendigung oder doch Bändigung von Ettores »geheimem
Leben« für die Literatur, das da laut Livia sogar ein »Doppelleben« war. Genuin und habituell unverbrüchlich bürger-
licher Natur, war Livia insgesamt auf ihre moderate und
gleichsam etwas abwiegelnde Art durchaus in der Lage und
auch willens, den Svevo weithin beherrschenden und um
1900 allfälligen Bürger-Künstler-Konflikt zu begreifen – wie
dessen immanente Poetik. Und diese zuweilen nicht schlecht

auf den Begriff zu bringen. Der Bürger wie der Schriftsteller
Schmitz-Svevo »beurteile (die Menschen) mit scharfem
Blick, aber dennoch voller Nachsicht«. Und, so wie schon die
Verlobte Svevos brieflich »feinen Humor« schätzte, so dürfte
Livia auch keineswegs gänzlich humor- und ironieresistent
gewesen sein, was etwa die metaphysische Komik eines
modernen Autorenlebens anlangt. Nicht nur durchschaut
und widerlegt sie das, und sei's noch so ehrende, Gerücht
von Svevo als dem »italienischen Proust«, welches wohl erst-
mals am 27. 1. 1926 ein italienisches Zeitungsfeuilleton so
reichlich unbedacht wie folgenreich austrompetet: Der Ehemann, obwohl er Proust noch gar nicht kannte und diesen
jetzt erst emsig zu lesen begann (wie ähnlich dann auch
Kafka, nachdem ihm auch der etwas läßlichere Etiketten-
schwindel vom »italienischen Kafka« nicht erspart geblieben
war), – der Ehemann, so Livia nicht ganz ohne Ranküne, sei
darüber »vor leuchtender, fast schon naiver Freude erstrahlt«.
So wie sie, Livia, dann noch lange nach Ettores Tod fast
täglich bei eintreffenden Rezensionen (»aus aller Welt«) und
Doktorarbeiten (vorerst fast ausschließlich aus dem Heimat-
land) gleichfalls in »fröhlichem Bangen« erstrahlt sein will.
Sicher nicht ohne ein charmantes Maß berechtigter Eitelkeit
der Mitverantwortlichen.
Livia Svevos *Das Leben meines Mannes* (Mailand 1976) steht
häufig in unmittelbarer Ergänzung zu dem, was wir in Form
von Svevo-Briefen, Tagebuchaufzeichnungen und seinem
Tagebuch für die Verlobte (*Diario per la fidanzata*) seit noch
nicht gar langer Zeit (Mailand 1966/68, Hamburg 1986) an
Basiswissen über die Verknüpfungen von Svevos Leben und
Werk haben: Wissen über seine Verlobung, rasche Heirat,
Literaturskrupel und Tragikomik der früheren Mißerfolge,
Späterfolg und Tod, »Weltruhm« (Livia) und sehr erhoffte
Nachwelt; hier wie dort ersteht auch das literarisch wie vital

nimmermüd variierte Motiv der »letzten Zigarette«, diese
seit dem späteren *Zeno* svevomythisch gewordene »lange,
lästige Geschichte des Rauchens« (Diario 25. 2. 1896); nicht
allein der Romanprotagonist Zeno täuschte damit sich und
seine Umgebung ad infinitum – desgleichen tat Ettore
Schmitz und beschwindelte damit auch Livia nicht schlecht.
Das »Diario«, das auch viele Schrullen, alberne Spintisiere-
reien (»nugae«) bis hin zum Nonsens und zu der Briefanrede
»Eiapopeia« enthält und das Anredenhuldigungsspektrum
für die Verlobte von der im Italienischen zweifellos kapriziö-
ser klingenden »Ziege« über die »Krankenschwester« bis
zum »süßen Beichtvater« erweitert – es rückt über alle sich-
gehenlasserische Launigkeit (»Du Monstrum von einer le-
bensverdrossenen kleinen Engländerin«) hinaus zwei Svevo-
Schmitzsche Dauermotive erneut und fugiert in den Mittelpunkt: den Vorsatz, »fest und ruhig zu lieben«, nämlich Livia,
nämlich zu dem Zweck, den Ettore mit manchem seiner Helden, zumal mit jenem titelgebenden guten alten und mit
einem schönen Mädchen belasteten Herrn, teilt: dergestalt
»gesunde Nerven zu bekommen« (5. 1. 1896). Es scheint,
daß Livia Veneziani wegen dieser eher prosaisch-utilitaristi-
schen Cour d'amour nicht unbedingt das war, was Julia
Capuletti wahrscheinlich noch gewesen wäre: vergrätzt;
nein, es scheint, daß die Verlobte die eigentlich schmucklose
Wahrheit dieser Bekundung ebenso recht zu deuten wußte
wie den wohlverstandenen Charakter dessen, was ihr damit
bevorstand: eine, mit dem Wort Kafkas an Felice Bauer zu
reden, »im höheren Sinn Vernunftsehe«. Wie unterm Strich
Livia wohl überhaupt der pure Segen für den gleichfalls so
segenbringenden Gatten war; und dies nicht allein wegen,
wie sie im Brief vom 19. 6. 1900 so kokett liebäugelt, »meiner
Schönheit, wenn sie wirklich existiert«. Mehr als einmal
dankt ihr's Schmitz-Svevo; am verbindlichsten, wenn auch
nur indirekt, im Brief an Crémieux (September 1927), wo er

über sein Leben sinniert, »das nicht schön erscheint, das jedoch von so vielen glücklichen Zuneigungen umrankt wurde, daß ich bereit wäre, es noch einmal zu leben«.
Livia, so viel steht fest, war unter diesen glücklichen Ranken
wahrlich nicht die mindeste.
Gedankt wurde ihr schon zu Lebzeiten des Gatten für ihre
Geduld, ihr Zartgefühl, für ihr Einfühlungsvermögen – ganz
offenbar durch das Glück der Heiterkeit. »Ettore«, erinnert
Livia sich, »besaß die Gabe, die Gesellschaft zum Lachen zu
bringen: In den vollen Räumen hörte man oft sein volltö-
nendes Lachen.« So real um 1900, so gewiß noch einmal
verstärkt und zugleich veredelt im Opus maximum, einem
der Großparadigmata der tragikomischen Epik des Säku-
lums, im *Zeno Cosini*-Roman, der Svevo nicht nur endgültig
die Nachwelt, sondern jedenfalls in der postspektiven Hoffnung Livias dem Schriftsteller auch die Beseitigung der
psychosomatisch, nämlich einfach mißerfolgbedingten Herzbeschwerden sichern sollte.
Über den Rang des *Zeno* gibt es heute offenkundig keine
Meinungsverschiedenheiten mehr, sondern nur noch Doktorarbeiten – und gerade dieser allseitige und allzu breite
Applaus schafft schon wieder leisen Kummer; solchen, der,
ihren Aufzeichnungen nach zu wittern, auch der Witwe Livia
ja nicht ganz entging. Etwas muß falsch sein, wo nicht am
Buch, so an seinem auf vertrackte Weise ruhigen und zugleich heftigen Spät- und Dauererfolg, wenn in Italien der
dort führende Svevo-Spezialist Claudio Magris es mit rheto-
rischem Unfug protegiert wie diesem, Svevo sei »der post-
moderne Schriftsteller, der vielleicht mehr als alle anderen
die Dämmerung des Subjekts erfaßt hat« (deutsches und
nicht übersetztes Beiwort zur neuen Rowohlt-Gesamtaus-
gabe!) – was nicht gar. Obskures dünstet und düstert da um
Svevo und macht sich so fatal wie zuweilen lauthals breit –
und in einer Zeit, da der *Zeno* in seinem 75. Jahr glücklich gar

zum erklärten Lieblingsbuch so unterschiedlicher Nichts-
nutze wie W. Jens und H. Bender, G. Kunert und Karin
Reschke, Jochen Schimmang und J. P. Sartre herunterge-
kommen ist – in dieser Zeit und im Zuge dieser so erneut
mißvergnüglichen, ja tückischen Rezeptionsgeschichte (ge-
wissermaßen ein dritter »Fall Svevo« von Nichtheimatfin-
dung) ist kaum mehr Trommeln in der Nacht, sondern schon
wieder ziemlich Vorsicht geboten. Denn so schlecht – kann
der Roman ja nun wirklich nicht sein.

Zumal nicht nur, wie Livia mehrfach bezeugt, sie es in der
Zeno-Ausarbeitungszeit mit einem sehr zufriedenen Ehemann zu tun gehabt habe, der da häufig »von Herzen
gelacht« (Brief an Crémieux) habe: Dem Vorwortschreiber
gegenüber beschwor Ettores und Livias einziges Kind Letizia in untrüglicher Langzeiterinnerung schon 1979, man
habe damals den Vater im Arbeitszimmer sogar »laut lachen«
gehört.

DAS LEBEN
MEINES MANNES
ITALO SVEVO

Von Livia Veneziani Svevo

Meine Erinnerungen an Ettore gehen auf meine Kindheit zurück, wir waren sogar entfernte Verwandte: Seine Mutter, Allegra Moravia, war die Schwester meines Großvaters Giuseppe Moravia, der aus San Daniele del Friuli stammte.

Stärkere Erinnerungen an das Haus Schmitz, ein patriarchalisches Haus, das von acht überaus aufgeweckten Kindern belebt wurde, habe ich aus der Zeit, als ich das Internat »Notre Dame de Sion« in Triest verlassen hatte. Einen Teil meiner Kindheit und meiner Mädchenjahre hatte ich in Marseille verbracht und war 1885 elfjährig wieder nach Triest gekommen. Ettore hatte ich 1892 am Totenbett seines Vaters wiedergesehen, um das sich die Verwandten versammelt hatten. Die ganze Familie war einander sehr verbunden. Ab diesem Zeitpunkt begann ich, bei Ettores Familie ein- und auszugehen und mich mit seinen Schwestern Paola und Ortensia zu treffen. Jede Woche begab ich mich zweimal in das große und schöne Haus in der Corsia Stadion, in dem die Familie Schmitz auch nach dem finanziellen Ruin des Vaters, früher ein erfahrener und wohlhabender Kaufmann, lebte. Ich gab der kleinen Sarah – der Tochter Paolas, die nach ihrer Scheidung die Mutterrolle bei den Brüdern übernommen hatte – Französischunterricht, die erste Sprache, die ich selbst in der Schule erlernt hatte. Und fast immer traf ich dort auch Ettore an, der um diese Zeit sein Mittagessen beendete, da er erst am frühen Nachmittag von der Union Bank, bei der er angestellt war, zurückkam. Damals war er ein junger Mann, groß, hager, mit rabenschwarzem Haar, einer schönen klaren und samtigen Stimme, einfach gekleidet und von lebhaftem Wesen.

Wir führten lange Unterhaltungen; natürlich nur solche, die
zwischen einem achtzehnjährigen Mädchen, das gerade die
Klosterschule verlassen hatte, und einem einunddreißig-
jährigen, erfahrenen, aber sehr höflichen Mann möglich
waren. Ich empfand Ettore als sehr gebildet und hatte Respekt vor ihm. Seine schriftstellerische Vergangenheit, über
die er nie ein Wort verlor, war mir bekannt. Ich wußte von
seinem Ruf als Literaturkritiker, den er sich in und um Triest
durch seine Mitarbeit bei ›L'Indipendente‹, jener mutigen
irredentistischen Zeitung, geschaffen hatte, und von seiner
engen Freundschaft mit dem bekannten Maler Umberto
Veruda, dem überheblichen Kopf der Triestiner Bohème, der
extravagant gekleidet und gelangweilt über den Corso zu
flanieren pflegte.

Ettore behandelte mich stets voller Feingefühl und Respekt.
Er vertraute mir sofort seinen festen Vorsatz an, mit dem
Rauchen aufzuhören – diese Besessenheit begleitete ihn sein
Leben lang –, weil es seinen Lungen schade. Wir schlossen
sogar eine Wette darüber ab: Würde er drei Monate lang nicht
rauchen, so erhielte er von mir einen Kuß. Nachdem die drei
Monate um waren, forderte er die Belohnung für seine Stand-
haftigkeit ein und küßte mich auf die Wange.

Am nächsten Tag erhielt ich eine ganz besonders schöne Ausgabe der Werke Manzonis mit der Widmung:

> »Dies für meine Cousine Livia als Andenken an ihr gu-
> tes Herz, weil sie mir, obgleich ohne Gewinn, im Kampf
> gegen mein Laster helfen wollte; aber auch als Anden-
> ken an meinen Schwindel, von beidem die bessere Tat.
> Triest, 13. 1. 1895.«

Denn tatsächlich hatte er heimlich weiter geraucht, seine
Schwestern Paola und Ortensia hatten ihm geholfen, mich zu
täuschen.

Am Tage unserer Verlobung schrieb er unter die Widmung:

> »Ein gegebener Kuß ist nie verloren.«

Vier Jahre waren vergangen. Unsere Freundschaft war unbeschwert, und wir hätten nie gedacht, daß sie den Keim eines zärtlicheren Gefühls in sich tragen würde. Ettore verkehrte in unserem stets gastfreundlichen Haus, er nahm am großen Weihnachtsessen und mit Veruda an den Gesellschaften, die an den Sonntagnachmittagen bei uns gehalten wurden, teil. Ein Trauerfall brachte uns einander näher. Im Oktober des Jahres 1895 starb Ettores Mutter, eine sanftmütige und liebenswürdige Person, der er sehr ähnlich sah.

Ich befand mich mit den anderen Familienangehörigen im Zimmer der Sterbenden, und als ich Ettore so niedergeschlagen sah, reichte ich ihm, um ihm Mut zu machen, ein Glas Marsala. Später gestand er mir, daß diese liebevolle Geste für ihn von großer Bedeutung gewesen sei. Seit diesem Tag dachte er intensiver und zärtlicher an mich: nicht an die liebe kleine Cousine, sondern an eine Person, die er brauchte. Nach einigen Wochen sprach er, der in seinen Entscheidungen sehr unsicher war, mit meiner Mutter.

Meine Mutter, Olga Moravia Veneziani, war eine Frau von ungewöhnlicher Willenskraft, klarer Intelligenz und ausgeprägtem Geschäftssinn. Sie hatte die Führung der Familie fest in der Hand und beteiligte sich aktiv an der Leitung der großen, auf Unterwasserlacke spezialisierten Farbenfabrik, die mein Vater gegründet hatte. Nach den schweren Jahren in Marseille waren wir zu Wohlstand gelangt. Meine Eltern besaßen die Geheimformel zur Herstellung von Lacken für Schiffskiele, und obwohl mein Vater nur ein Amateurchemiker gewesen war, gelang es ihm, nach zahlreichen Versuchen, das Verfahren zu entwickeln. Die neue Fabrik befand sich in stetem Aufschwung.

Wir waren fünf Kinder. Mein Vater bevorzugte Bruno, den einzigen Sohn; sein zweiter Liebling war ich, während meine Schwestern Nella, Fausta und Dora etwas weniger zählten. Meine Mutter wünschte, daß ich eine gute Partie machen

solle: Die bescheidene Position Ettores als einfacher Angestellter bei der Union Bank, und infolge des finanziellen
Zusammenbruchs des Vaters ohne jegliches Vermögen, war
für unsere Verbindung eher hinderlich. Auch der Altersun-
terschied – dreizehn Jahre – mißfiel meiner Mutter, die, so
sehr sie auch an ihrem Vetter Ettore hing, entschieden gegen
eine Heirat war. Mit der ihr eigenen Entschlossenheit verbot
sie ihm, mit mir darüber zu sprechen, das Geheimnis wurde
mir jedoch von der Cousine Bianca Veneziani zugetragen. Als
ich von Ettores Gefühlen erfuhr, begann auch ich, heftiger
an ihn zu denken, und es verwirrte mich, ihn zu treffen. Er
erkannte meinen Gemütszustand und nahm jede Gelegenheit
wahr, um mich zu sehen. Ich verkehrte weiterhin bei ihm zu
Hause, wo die liebenswürdige Schwester Paolina den Platz
der Mutter eingenommen hatte, und wir sprachen von unserer Liebe. Sobald ich mir über meine Gefühle klar geworden war, teilte ich mich ohne Zögern meinen Eltern mit, und
nach einigen lebhaften Diskussionen gelang es mir, mich
durchzusetzen: Unsere Verlobung fand am 20. Dezember
1895 statt.

Bevor ich von den Jahren unserer überaus glücklichen Ver-
bindung erzähle, möchte ich von der Kindheit und Jugend
Ettores berichten, wobei ich meine Erinnerungen ordnen
und die alten vergilbten Dokumente zu Rate ziehen will.
Ettore hatte mir so viele Episoden aus dieser Zeit seines
Lebens anvertraut, zärtliche, lustige, schmerzhafte.
Seine Familie war altmodisch, reich gesegnet mit sechzehn
Kindern, von denen nur acht das Erwachsenenalter erreicht
hatten: Paola, Natalia, Noemi, Adolfo, Ettore, Elio, Ortensia
und Ottavio. Jedesmal, wenn ein neuer Nachkomme geboren wurde, rief der Vater, Francesco Schmitz, aus: »Heute hat
sich mein Vermögen um eine Million erhöht!« Die vier Jun-

gen und die vier Mädchen, allesamt klug und lebendig, wuchsen in großer Kameradschaft auf, sie verlebten eine heitere und glückliche Kindheit. Die Mutter mäßigte mit ihrer Milde die väterliche Strenge. Sie hieß Allegra, und diesem Namen wurde sie voll und ganz gerecht, wobei sie ihre Heiterkeit auf ihre Umgebung übertrug. Oft stand sie am Fenster, um zu sehen, wie ihre Kinder gemeinsam das Haus verließen: wie die Orgelpfeifen.

Einer fehlte häufig: Ettore, der Zerstreute, der immer alles verlegte, kam als letzter. Man ahnte bereits den zukünftigen Literaten, der mit seinen Gedanken immer woanders war. Diese kleine intelligente Gesellschaft, die so voller Unternehmungsgeist war, erfand sich ständig neue Vergnügungen. Sie hatten sogar eine handgeschriebene Zeitung geschaffen, für die jedes der Geschwister einen Teil verfaßte. Alle häuslichen Ereignisse wurden hier niedergeschrieben und oft mit großem Humor kommentiert, man erkannte deutlich Adolfos Einfluß, der ein heiteres und spaßiges Temperament hatte. Die einzige vergilbte Ausgabe, die zwischen den Familienerinnerungen aufgehoben worden ist, trägt den rätselhaften Titel »Adotajéjojade«. Dieses seltsame Wort bestand aus den Initialen der Spitznamen der Kinder.

Als die Eltern Schmitz eine Italienreise planten, erschien folgender Kommentar: »Große Unzufriedenheit herrschte bei der Nachricht, daß das Königreich bei Abreise der L. L. M. M. unter die Herrschaft der Erzherzogin Natalia gestellt werden würde . . .« (Natalia war die zweitälteste Schwester). Als die Eltern in Neapel ankamen, lautete der Wetterbericht: ». . . am 17. wird Prof. Palmieri vom Observatorium des Vesuvs eine neue Sternenkonstellation am Himmel Neapels entdecken, welche heißen wird: Eheleute Schmitz.« In den Anzeigen liest man, daß Elio, lang und mager, sich für eine Reihe von nützlichen und ebenso bescheidenen Aufgaben anbietet: Kaminkehrer, Besenstiel, Giraffe . . .

Eine sensationelle Nachricht: »Ein Hund (dick) wurde verloren, er hört auf den Namen Ettore; da dieser Hund ziemlich
faul ist und gerne in der Sonne döst, wird man ihn wahrscheinlich in der Nähe des Acquedotto finden. Sollte ihn
jemand schlafend entdecken, so wird darum gebeten, ihn
nicht zu wecken. Ettore, Ettore, ein dicker Hund.«
Diese schöne Gemeinschaft wurde schon bald auseinander-
gerissen: Ettore war zwölf, als er, zusammen mit Adolfo und
Elio, in das Internat Segnitz nahe Würzburg geschickt wurde. Eines Abends, bei Tisch, hatte er einen deutschen Namen
so falsch betont, daß der Vater (der der Ansicht war, daß ein
guter Kaufmann in Triest zwei Sprachen sprechen müsse)
beschloß, ihn nach Deutschland zu schicken, damit er die
deutsche Sprache perfekt erlerne. Francesco Schmitz sah
Deutsch nicht als seine Muttersprache an. Sein Vater, der
kaiserliche, österreichische Beamte Adolfo Schmitz, aus dem
Rheinland stammend, hatte in Treviso, wo er sich aus beruf-
lichen Gründen aufhielt, Rosa Macerata geehelicht. Als Sohn
einer Italienerin fühlte sich Francesco Schmitz als Italiener.
Sein Name wurde häufig in einem Atemzug mit den glü-
hendsten Patrioten genannt. Als guter Kaufmann träumte er
davon, aus seinen Söhnen erfahrene Geschäftsleute zu machen. Er schickte sie einzig und allein nach Deutschland, um
sie ernsthaft auf die Karriere vorzubereiten, die er für die
Beste hielt. Deshalb hatte er auch eine Schule ausgewählt, die
vorwiegend auf das Kaufmännische ausgerichtet war. Das
Motto des strengen Vates hieß: »Unter den Augen der Eltern
können die Söhne nicht zu rechtschaffenen Männern werden.«
So begann für die drei Jungen ein neues Leben in der fernen
Landschaft am Main, in fremder Gegend, unter fremden
Menschen. Elio, dünn wie eine Bohnenstange, sehr groß für
sein Alter, überempfindlich, in Musik vernarrt, ertrug die
strenge Disziplin des Internats nicht. Trotz guten Zuredens

seines Bruders, der ihn beschützte und zärtlich liebte, mußte
er nach einigen Monaten an den Geburtsort zurückkehren, in
das traute Heim zu seiner Mutter, den Schwestern und den
beiden Letztgeborenen, die noch Kinder waren. Ettore dagegen fühlte sich in dem Internat sehr wohl, und nachdem er
in wenigen Monaten die Sprache erlernt hatte, gründete er
mit den Kameraden einen intellektuellen Klub, aufgrund seiner lebhaften Intelligenz von einigen Lehrern dazu wohl-
wollend ermutigt. Schnell entwickelten sich philosophische
Diskussionen zwischen ihm und seinen Freunden. Ein Zeugnis dieses ersten intellektuellen Eifers findet man in einem
kurzen, deutsch geschriebenen Aufsatz. Ettores Durst nach
Lektüre und Wissen war schon damals außergewöhnlich. Er
nahm mit Eifer die deutschen Klassiker in Angriff, er begeisterte sich für die Romane Jean Pauls, verschlang die Bücher
von Turgenjew und lernte, in guten Übersetzungen, die
Werke Shakespeares kennen, der ihn faszinierte.

Seine Jugend verging in langen Monaten intensiven Lernens
im Internat und in kurzen und heiteren Ferien daheim, erhellt
von der Sonne Triests und den Badefreuden. Er war ein guter
Schwimmer und genoß das Bad im Meer. Die Beziehung der
Geschwister zueinander war zärtlich: Mit dem Alter wuchsen
Verständnis und Freundschaft zwischen ihnen. Jeder entwik-
kelte sich auf seine Weise: Paola, die älteste, lernte bei dem
Maler Eugenio Scomparini zu malen; Ortensia wollte sich
dem Gesang widmen, Natalia dem Klavierspiel; Elio war
verliebt in die Musik, das Violinspiel beglückte und quälte
diesen Jungen, dem ein früher Tod bestimmt war. Adolfo,
mit seinem feurigen Temperament, war ein begeisterter Anhänger des Irredentismus. Nur Ottavio, der unternehmungslustig und ernst war, schien die guten Eigenschaften des
Vaters geerbt zu haben. Mit achtzehn Jahren ließ er sich in

Wien nieder, wo er eine glänzende Karriere im Bankwesen
begann. Ettore dagegen zog es immer stärker zur Literatur,
er verbrachte ganze Nächte schlaflos über den Büchern. In
seinem Tagebuch, in dem Elio versucht, die heitere Jugend
wiederaufleben zu lassen, steht: »Mit seinen Ersparnissen
legte er eine Bibliothek an.« Und: ». . . noch immer sehe ich
auf jenem Regal in schönster Ordnung aufgereiht vor mir
Schiller und Goethe. Als er Shakespeare bekam, hat er die
ganze Nacht gelesen und, gebeugt über *Hamlet*, viele schlaf-
lose Nächte verbracht . . .«
»Mir mißfiel es, daß er eine so große Zuneigung zur deutschen Literatur faßte und darüber die italienische Literatur
völlig vernachlässigte, und ich sagte ihm, er solle auch einmal
Dante und Petrarca lesen, die seien viel besser als Schiller und
Goethe. Er lachte mir ins Gesicht und antwortete: ›Schiller
ist das größte Genie der Welt.‹«
Elio war der erste Biograph des Bruders, der erste, der seine
Begabung ahnte, der Vertrauen in ihn setzte, der ihn beobachtete und anspornte, der jeden seiner literarischen Versu-
che verfolgte. In der kurzen Spanne seines Lebens war er ihm
sehr nahe und ihm mehr verbunden als jedem anderen. »Kein
Historiker bewunderte Napoleon so, wie ich Ettore bewun-
derte«, schrieb er in sein Tagebuch, das Ettore sein ganzes
Leben lang wie eine kostbare Reliquie aufbewahrte.
Im Alter von achtzehn Jahren, nach Beendigung seiner
Schulzeit, verließ Ettore Deutschland und das Internat und
kehrte nach Triest zurück, um mit geringer Begeisterung die
Höhere Handelsschule Revoltella zu besuchen. Er nahm gute
Erinnerungen an den Direktor des Internats mit sich, einen
würdevollen und strengen, aber gerechten Mann, dessen
Autorität er wie ein Sohn anerkannt hatte. Er bewahrte auch
das süße Andenken an eine Jugendliebe: Anna Herz, die
Nichte des Direktors, die ihn dem Bruder Adolfo vorgezo-
gen hatte. Diese Liebe warf einen schmerzlichen Schatten

zwischen die Brüder, Ettore wollte nie daran erinnert werden. Sie war älter als Ettore, und ihre Empfindungen ihm
gegenüber waren von einem fast mütterlichen Beschützer-
instinkt, der auch in ihrer Widmung in der Shakespeare-
Ausgabe, die sie ihm zum Abschied schenkte, deutlich wird.
In seinem neuen Leben wurde Elio sein bester, sein einziger
Freund. Ettore fühlte sich immer stärker zur Literatur hin-
gezogen und litt darunter, Italienisch nicht perfekt zu beherrschen, zum einen wegen der in einer ausländischen
Schule genossenen Erziehung, zum anderen wegen des Dia-
lekts, der auch in gebildeten Triester Familien üblich war. Er
träumte davon, seinen Vater zu überzeugen, ihn für einige
Jahre zum Studium nach Florenz zu schicken, um die Sprache vor Ort zu erlernen. Er wußte, daß dies nichts als ein
schöner Traum war und daß es ihm bestimmt war, Kaufmann
zu werden wie sein Bruder Adolfo. So war es vom Vater
entschieden worden. Der alte Schmitz stand der Literatur
völlig fremd gegenüber, und Ettore brachte trotz seines
brennenden Wunsches, Schriftsteller zu werden, nicht die
Kraft auf, sich dem Willen des Vaters zu widersetzen, der mit
fester Autorität die Familie regierte. Der Junge wußte nicht,
wie er sich der Macht der Umstände und der Umgebung hätte
widersetzen können, obwohl er in seinem Herzen weiterhin
eine schwache Hoffnung nährte. Einziger Vertrauter in diesem Zwiespalt, einzige Stütze und einziger Antrieb war Elio.
Trotz aller Hindernisse dachte Ettore ununterbrochen daran
zu schreiben. Die literarischen Versuche folgten einander in
wildem Durcheinander, und ihr einziger Kritiker war immer
der treue Bruder. »Seit dem 10. dieses Monats (Februar 1880)
schreibt Ettore ständig an einer Komödie in Alexandrinern:
Ariosto governatore (*Ariosto, der Statthalter*). Bisher hat er
zwanzig Verse geschrieben, aber er ist ziemlich faul, und ich
weiß nicht, wann er sein erstes Werk zu Ende bringen wird.
Bisher hat er noch kein einziges beendet. Dieses Mal habe ich

ihn allerdings einen Vertrag unterschreiben lassen, in dem er verspricht, *Ariosto governatore* bis zum 14. März zu beenden, anderenfalls wird er mir für jede Zigarette, die er in den kommenden drei Monaten raucht, 10 Soldi zahlen.«

Aber am Tag bevor der Vertrag ablief, notierte Elio, voller Enttäuschung: »13. März 1880. Heute ist Ettore zu mir gekommen und hat gesagt: ›Ich kann den Vertrag nicht einhalten. Zur Zeit kann ich an *Ariosto governatore* nicht weiterschreiben, sondern werde eine neue Komödie beginnen, von der ich bereits das Thema habe: *Il primo amore* (*Die erste Liebe*). Aber ich möchte nicht gezwungen sein, in großer Eile zu schreiben. Gib mir einen Aufschub.‹ Und so ließ ich ihn tatsächlich fünf Wechsel zu je zwanzig Tagen unterzeichnen, beginnend mit dem 14. März, also dem morgigen Tage. Für das Schreiben jedes Aktes hat er zwanzig Tage Zeit.« Aber auch dieses Mal kam Ettore der Verpflichtung nicht nach, und voller Zweifel beklagte sich Elio: »18. Juli 1880. Ettore hat mit einer neuen Komödie angefangen. Die vorhergehende wird er nicht zu Ende bringen. *Le Roi est mort; vive le Roi!* (*Der König ist tot; es lebe der König*). Aber ich glaube, daß er auch diese nicht fertigstellen wird.«

Zu jener Zeit nahm das Theater seine ganze Aufmerksamkeit in Anspruch, seine erste Erzählung sollte erst viel später folgen. In Elios Tagebuch taucht häufig der Name einer blutjungen Schauspielerin, die damals sehr populär war, auf: Gemma Cuniberti, die das Publikum begeisterte.

Die junge Generation Triests liebte das Theater: Sänger wurden auf Händen getragen und Schauspieler zu Helden ausgerufen. Ettore hatte sogar davon geträumt, Schauspieler zu werden, und Sprechübungen gemacht, um das rollende »R« zu erlernen. Aber schon bald zerstreuten die harte Realität und eine bittere Erfahrung seine Träume und gaben dem Leben des jungen Studenten eine neue Richtung. Sein Vater hatte, um seine Geschäfte auszubauen, sein gesamtes Kapital in eine große Glasfabrik investiert und machte bankrott. Dieser Schlag ließ ihn frühzeitig altern. Die Familie war arm, das gastliche Haus würde sich nicht mehr zu heiteren Empfängen öffnen, ebensowenig würden die schönen Schwestern zehntausend Florin als Mitgift erhalten, und sie würden auch nicht mehr am eleganten Leben der reichen Triestiner Gesellschaft teilhaben, mit einer Loge im Theater und der Kutschfahrt im Boschetto. Der Vater war nicht mehr in der Lage, das Geschäft neu aufzubauen.

Ettore mußte, um seine Familie zu unterstützen, augenblicklich sein Studium abbrechen und sich eine Anstellung in einer beliebigen Firma suchen. Dies war das endgültige Aus für seinen Traum, nach Florenz zu gehen! Er mußte jetzt daran denken, sich seinen Lebensunterhalt zu verdienen, und der väterliche Verfall betrübte ihn. In diesem entmutigten Mann konnte er nicht länger den einst wegen seiner Stärke, seiner Redlichkeit und seinem Geschäftssinn bewunderten Mann erkennen.

Aber die schriftstellerischen Ambitionen, für den Moment aus dringenden Gründen zurückgestellt, wurden stärker. Auch in dieser schwierigen Lage begann Ettore ein neues dramatisches Werk mit dem Titel *I due poeti* (*Die zwei Dichter*). Als er das Alter für den Militärdienst erreicht hatte und seinen Beruf vernachlässigen mußte, um den Vorbereitungsunterricht für die Prüfung als »Freiwilliger« zu besuchen (Pflichtprüfung für die Studenten des österreichischen Kaiserreiches), war er glücklich über jede Stunde, die er diesem Unterricht fernbleiben konnte, um sich seinen Stücken zu widmen.

Es war ein sehr wichtiger Tag, an dem Elio in sein Tagebuch schrieb: »27. September 1880. Heute trat Ettore seinen Dienst bei der Bank an und war sehr zufrieden.« Für ihn fing das regelmäßige Leben des kleinen Angestellten an. Er begann bei der Triestiner Zweigstelle der Wiener Union Bank

als Auslandskorrespondent und blieb dort achtzehn Jahre.
Und doch wußte er aus einer so langweiligen Umgebung die
Atmosphäre seines ersten Romans zu gewinnen: *Ein Leben*.
In diesem Roman der geheimen Leidenschaften, die eine
scheinbar eintönige Existenz in Aufruhr versetzen, sind verschiedene Personen der kaufmännischen Bourgeoisie Triests
beschrieben.

Nach außen schien er ein fleißiger Angestellter zu sein,
pünktlich und gewissenhaft, aber es gab ein geheimes Leben,
in dem der Geist sich quälte und sich selbst erforschte. »Er
macht (schrieb Elio) einen apathischen Eindruck, denn der
größte Teil seines Lebens spielt sich in seinem Geist und in
seinem Innern ab.« Und das stimmte: Nur wenig von dem
wichtigeren Teil seines Lebens drang zu der Familie durch,
aber sein Verlangen danach zu lernen, ließ mit der Arbeit
nicht nach. Trotz des strengen väterlichen Verbots wachte er
ganze Nächte über den Büchern.

Jede Sekunde, alle freien Stunden widmete er seinen Studien. Er fühlte die fehlende literarische Bildung, er wollte
sein chaotisches Wissen ordnen, die Lücken füllen, sich vor
allem der italienischen literarischen Tradition nähern. Er verbrachte die Abendstunden im ruhigen Saal der Stadtbibliothek, die mit allen klassischen Werken gut bestückt war. Er
wechselte von Machiavelli und Boccaccio zu Guicciardini,
de Sanctis war ihm ein Führer, aber in seiner Lektüre hatte
Ettore keine Methode: er ließ sich hauptsächlich von seinem
Geschmack leiten, manchmal auch von einer Laune. Er bewunderte besonders Giosuè Carducci, das Idol der Irredentisten, während er Manzoni völlig vernachlässigte, was er
später bitter bereute. Waren dies auch die Texte, die er studieren wollte, so neigte er doch mehr zu den Erzählern des
19. Jahrhunderts. Immer stärker angezogen vom Roman,
ließ er die deutschen Klassiker zugunsten der französischen
Naturalisten beiseite. Er verschlang Flaubert und Daudet;

Zola war zu jener Zeit sein Gott. Er begeisterte sich für Balzac und beschäftigte sich lange Zeit mit Renan. Die Schriftsteller waren die Gefährten seiner Abende und seiner Nächte. Tagsüber kam er sorgfältig seinen Pflichten als Auslandskorrespondent nach, paßte sich den Kollegen im Büro an, die er mit herzlicher Höflichkeit behandelte, aber unbewußt entnahm er dem Bankleben bereits den Inhalt seines künftigen Romans. Viele Seiten beschrieb er in den Pausen, in der Umgebung, die er mit den Gestalten seiner Phantasie bevölkerte.

Triest, Treffpunkt verschiedener Völker und unterschiedlicher Kulturen, begünstigte seine Entwicklung. Man las deutsche und französische Romane im Original und die russischen in Übersetzungen; man pflegte Musik und Malerei. Ettore hatte eine Schwäche für jegliche Form von Kunst. Er besuchte den »Musikverein«, in dem man klassische Musik liebte (als Junge hatte er mit dem Violinspiel begonnen), und den »Künstlerverein«, Zusammenkunft einer Gruppe von Malern, die für jede Richtung offen waren: Diejenigen aus dem Norden, durchdrungen von den Theorien der Münchner Schule, stießen mit den Vertretern klassischer Ideen der Malerschule Venedigs zusammen.

Das literarische Leben der Stadt, in sich selbst geschlossen, war von besonderer Beschaffenheit. Es spielte sich im Literatursalon der Dichterin Elisa Tagliapietra-Cambon, in der Studiengesellschaft »Minerva«, zu jener Zeit geleitet vom Ehemann Elisas, dem Anwalt Luigi Cambon, und von Attilio Hortis, und in der Redaktion des ›Indipendente‹ ab und war ganz und gar auf die Erhaltung der Erinnerungen der römischen und venezianischen Zivilisation und auf die Verteidigung des nationalen Reichtums begründet. Die Zeitung, Sprachrohr des Irredentismus in Julisch-Venetien, geführt zuerst von Giuseppe Caprin, der es glänzend verstand, die Erinnerung an die vergangenen Zeiten wachzurufen, und

dann von dem kämpferischen Riccardo Zampieri, Freund
Oberdans, brachte Artikel der besten Schriftsteller Triests.
Der gelehrte Attilio Hortis, der bürgerliche Dichter Cesare
Rossi, der friedliche Riccardo Pitteri, der junge Benco mit
seinen ersten Versuchen, sie alle leisteten mit mutigen Auf-
sätzen ihren Beitrag zu dem rebellischen Blatt, das unzählige
Male von den österreichischen Behörden beschlagnahmt
wurde. Man vertrat die italienische Sache, und außerdem war
die Zeitung das einzige Forum der jungen irredentistischen
Schriftsteller. Es war nur normal, daß Ettore darauf brannte,
an dieser Zeitung mitzuarbeiten. Am 2. Dezember 1880 wurde sein erster Artikel veröffentlicht. Das Tagebuch des treuen
Elio konnte ein so gewichtiges Ereignis nicht verschweigen:
»In der Nacht davor, genauer am Vorabend, denn er hatte ihn
in wenigen Minuten niedergeschrieben, zeigte Ettore mir
einen Artikel, den er angeblich im ›Indipendente‹ veröffentlichen wollte. Ich glaubte nicht daran, aber er kehrte um neun
Uhr zurück, um mir zu erzählen, daß er den Aufsatz in die
Redaktion gebracht, mit Caprin gesprochen hatte und daß
dieser den Artikel, um einige Abschnitte gekürzt, angenom-
men hatte.«
Die Veröffentlichung markierte den Beginn einer treuen Mit-
arbeit, die viele Jahre andauerte.
Der Autor der Artikel verbarg sich hinter dem Pseudonym
E. Samigli, ein Name, den er später dem Held der Novelle
Ein gelungener Scherz gab. Er verfaßte Literaturkritiken, phi-
losophische Essays, Betrachtungen allgemeiner Art. Um
Lyrik kümmerte er sich nicht. Einmal sagte er zu mir: »War-
um so viele Worte für so wenige Gedanken?«
Als begeisterter Anhänger Wagners war er der erste in Triest,
der einen Artikel über die wagnerianische Ästhetik schrieb.
Ich bewahre noch ein Exemplar der Zeitung vom 22. De-
zember 1884 mit der Überschrift *L'autobiografia di Riccardo
Wagner* (*Richard Wagners Lebensbericht*) auf. In dieser Ausgabe

läßt er seiner ganzen leidenschaftlichen Bewunderung für
den großen Meister, der wenige Monate zuvor verstorben
war, freien Lauf. Ich besitze andere vergilbte Exemplare, die
Ettore aufgehoben hat, mit seinen besten Artikeln: eine Besprechung des Buches *Don Quijote* von Eduardo Scarfoglio
(8. September 1884) und *La verità su di un discorso tenuto da
Ernesto Renan nella sua città natale* (*Die Wahrheit über eine Rede,
die Ernesto Renan in seiner Heimatstadt hielt*) (14. August 1884).
Diese Artikel zeigen die Vielfalt seiner Interessen und sind
ein Beweis für die Kulturhorizonte, denen er sich zuwandte.
Aber das Schreiben war weiterhin sein sehnlichster Wunsch.
In seinem Inneren steckte der ständige Zwiespalt, auch wenn
sein Leben anscheinend einem eintönigen Rhythmus folgte:
tagsüber die Bank, ein Spaziergang über den Corso abends,
die Bibliothek, die Pause im Café; nachts die Zeitungsredak-
tion und die sonntäglichen Pausen mit einem Bad im Meer
oder die Fahrradtouren über das karstige Hochland.
Nichts bleibt uns, auch nicht von den unveröffentlichten
Schriften, von diesen ersten Versuchen, die Elio, der immer
noch präziser Chronist der brüderlichen Vorhaben und Ausführungen war, in seinem Tagebuch beschrieb:

4. Januar 1881: Ettore schreibt immer weiter; auch in diesem
Moment, in dem ich dies notiere, sitzt er neben mir und
verfaßt Novellen, die er bei Natalias Heirat in ihren Koffer
stecken wird und die dieser zur Erheiterung während der
Hochzeitsreise dienen werden.

24. Februar 1881: Heute hat er mir gesagt: »Ich glaube, mein
Thema zu haben. Es nennt sich *Difetto moderno* (*Moderner
Mangel*).« Sonst hat er nichts gesagt.

In diesem ständigen Entstehen, Akzeptieren und Ablehnen
von Themen betrieb der Verstand des jungen Schriftstellers

eine dauernde, fast unbewußte Selektionsarbeit. Und auf einer kurzen selbstkritischen Seite, die das Datum des 24.
Februars 1881 trägt, zieht er beinahe eine Bilanz der geschei-
terten Ausführungen und drückt seine innere Betriebsamkeit
und sein inneres Zehren aus:

Geschichte meiner Werke

I. *Ariosto governatore.* Mehr als daran geschrieben zu haben, habe ich darüber nachgedacht. Alle Einzelheiten
schienen mir so gut erfunden, daß dieser erste Versuch
ein Meisterstück zu sein schien. Aber wie hat mich mein
Wunsch getäuscht! Ich habe nicht einmal die erste Szene
beendet, da erkannte ich schon die Verworrenheit der
Idee und die Erbärmlichkeit des Stils.

II. *Stonature d'un cuore* (*Mißklänge eines Herzens*). Eine
Szene gibt es, die mich erröten läßt. Konventionelle
Sätze, schwerfälliger Aufbau, Prosa, die Dichtung sein
will, dabei aber nicht einmal Prosa ist. Das Finale (die
Idee des Finales) finde ich logisch, aber unmöglich. Dies
wäre eine den Chinesen zu widmende Komödie geworden, denn sie ähnelt dem *Hoji-lai-ki,* dem Lieblings-
stück dieses Volkes, sehr. Der Titel ist tragisch, das
Stück aber lief Gefahr, komisch zu werden.

III. *Ein Mann wird jünger.* Leider habe ich zwei der Akte
fertiggestellt, und ich bereue es. Ein Werk, das ein Einakter hätte sein können, wollte ich in vier Akte zwingen.

Elio notiert weiter: »10. März 1881: Ettore ist dabei, eine
Novelle zu schreiben, *Tre caratteri* (*Drei Charaktere*), und ich

glaube, daß er beabsichtigt, sie nach Beendigung im ›Indipendente‹ zu veröffentlichen.«

Der Ehrgeiz wuchs, und die Entwürfe wurden ausgebaut:
»14. März 1881. An meiner Seite schreibt Ettore *Tre caratteri*.
5. April 1881. Sie wird heißen *La gente superiore* (*Die besseren
Leute*), teilt mir Ettore mit und gibt mir wie immer die feierliche Nachricht, daß er eine Komödie verbrannt hat, jetzt
aber an einer anderen arbeitet.«

Elio, der einzige, der an das Talent des Bruders glaubt, diskutiert mit ihm seine Zweifel, spornt ihn an, ist ungeduldig,
beschwert sich über die Hindernisse, die ihm den Weg ver-
bauen, und fürchtet die Unbeständigkeit, die den Bruder von
einem Thema zum nächsten springen läßt, und den schwa-
chen Willen zur Durchführung seiner Pläne. Er fürchtet um
Ettore.

12. Mai 1881. Ettore tut . . . nichts: er liest, er beschäftigt sich
dauernd mit seinen Studien und versteift sich immer mehr
darauf, studieren und schreiben zu wollen. Er träumt von
Schauspielen und anderen Arbeiten, die mal dramatisch, mal
erzählend sind und auf dem Papier niemals vollendet werden.
Sein künstlerischer Standpunkt hat sich gewandelt, er ist jetzt
Realist. Zola hat ihn in der Vorstellung bestärkt, daß nicht
die Handlung, sondern die Charaktere Zweck und Gegenstand des Dramas sein müssen. Alles muß wahr sein.

2. Juni 1881. Am heutigen Tage hatte ich eine kleine Aus-
einandersetzung mit Ettore. Seit vier Jahren verfolge ich mit
Interesse seine literarischen Fortschritte. Ich sehe mit Freuden, daß er sich mit seinen Studien abgibt, aber er schreibt
nichts Ernsthaftes, und meiner Meinung nach wird er das
Ziel nur durch einen Erfolg erreichen können, der Papa dazu
brächte, ihn studieren zu lassen, und Ettore selbst ermutigen
würde. So aber wird Ettore seine Studien aufgeben, weil er

jede Hoffnung verlieren wird, die Schwierigkeiten zu über-
winden, denen er auf seinem Weg zur Schriftstellerei begegnet. Dies war meine Ansicht, aber ich habe mir gesagt, daß
Ettore schließlich nichts verliert, wenn er lernt. So habe ich
bis vor einigen Tagen gedacht, als er mir mitteilte, daß er die
Büroarbeit vernachlässigen müsse, um zu studieren. Also
habe ich ihm meine Meinung dargelegt, er aber hat nichts
erwidert; gestern aber, als ich ihn fragte, was er in der Nacht
geschrieben hätte, antwortete er mir, daß mich das wirklich
nichts anginge, denn seit ich ihn so wunderbar ermutigen
würde, würde er mir nichts mehr vorlesen. So endete die
Unterhaltung. Gestern abend allerdings hat er mir eines seiner Gedichte vorgetragen.« (Unter seinen Papieren ist nicht
die geringste Spur eines Gedichtes zu finden.)

19. November 1881. Ettore hat einen Artikel geschrieben,
der im ›Indipendente‹ veröffentlicht wurde und in der ›Gazzetta drammatica‹ in Mailand wiederveröffentlicht werden
wird.

Dies ist die letzte Anmerkung Elios über die Arbeiten des
Bruders. Die Krankheit, die ihn quälte, eine Nierenentzün-
dung, entfremdete ihn uns nach und nach. Das Tagebuch ist
nur noch ein einziges Klagen. Die Reise nach Kairo im Jahre
1885, angetreten in der verrückten Hoffnung, geheilt zu werden, entrückte ihn der Wirklichkeit noch mehr. Er stirbt im
September 1886, mit kaum dreiundzwanzig Jahren, nach einem schrecklichen, drei Jahre dauernden Todeskampf. Sein
Tod war eine Tragödie für Ettore. Außer dem Lieblingsbru-
der hatte er auch den Vertrauten seiner Schriftstellerträume
verloren, denjenigen, der an seine Bestimmung geglaubt hatte, in dem er sich wiedererkannte, den niemand je würde
ersetzen können.
Ettore bewahrte das Tagebuch Elios eifersüchtig auf, in dem

ein sanftmütiger und unglückseliger Jugendlicher seine Träume geschildert und das feste Vertrauen in die Vorbestimmung des Bruders zum Schriftsteller erklärt hatte. Ein derartiger Verlust hinterließ in Ettore eine unauslöschliche Wehmut, die nach und nach immer stärker wurde, als die Verwandtschaft von weiteren Unglücksfällen getroffen wurde. Auch die Schwestern zerbrachen an den Schlägen eines grausamen Schicksals. Paola war unglücklich verheiratet, Noemi war im Wochenbett an einer Infektion gestorben und hatte den Großeltern eine Tochter hinterlassen, die ebenfalls nach wenigen Jahren starb; dann gebar Natalia zwei taubstumme Kinder. 1897 starb Ortensia – innerhalb von drei Tagen, einen einjährigen Sohn namens Umbertino zurücklassend. Ettore wurde immer bedrückter, er nahm den Schmerz als einen Teil des Lebens an, und zwar so sehr, daß auch in seinen glücklichsten Jahren, die mit der Heirat begannen, diese Melancholie nie verschwand. Nicht einmal der Kunst gelang es mehr, sein Gemüt aufzuhellen.
Dieses Blatt, mit Datum vom 19. Dezember 1889, drückt seine tiefe Verbitterung aus:

> Heute werde ich achtundzwanzig Jahre alt. Meine Unzufriedenheit mit mir und den anderen könnte nicht größer sein. Ich schreibe diesen Eindruck nieder, weil ich mich vielleicht in ein paar Jahren wieder einmal einen Esel werde schimpfen können, wenn es mir noch schlechter geht, oder mich werde trösten können, weil es mir besser geht. Das finanzielle Problem wird immer akuter, ich bin weder zufrieden mit meinem gesundheitlichen Befinden noch mit meiner Arbeit, noch mit all den Leuten, die mich umgeben. Es ist klar: Wenn ich selbst mit meiner Arbeit nicht zufrieden bin, kann ich auch nicht verlangen, daß es ein anderer ist. Aber daß man bei den ungeheuren Ambitionen, die man einmal

nährte, niemanden getroffen hat, aber wirklich niemanden, der sich dafür interessiert, was man denkt und was
man macht; daß man immer so tun muß, als ob man sich
für die Angelegenheiten der anderen interessiere, weil
das der einzige Weg ist, sich ein wenig von der Wert-
schätzung zu verschaffen, die man ja doch anstrebt. Es
ist genau zwei Jahre her, daß ich diesen Roman angefangen habe, der weiß Gott was werden sollte. Statt
dessen ist er ein Schund, der mir noch schwer im Magen
liegen wird. Meine Stärke war immer die Hoffnung,
und das Schlimme ist, daß auch sie allmählich nachläßt.

Hier wird alles angesprochen, was seine Jugend betrübte, die
finanziellen Probleme der großen Familie, die in der Vergangenheit einen gänzlich anderen Lebensstil gewöhnt gewesen
war. Sie kämpften alle um einen annehmbaren Lebensunterhalt, erdrückt von der unheilbaren Melancholie des Vaters,
unfähig, sich den beschränkten Verhältnissen anzupassen. In
den jungen Mann hatte sich bereits das nagende Mißtrauen
gegen die eigenen geistigen und körperlichen Kräfte einge-
schlichen. Die Angst vor Krankheit, mit den Jahren gewach-
sen, beunruhigte ihn. Er fürchtete um seine Lungen und war
doch nicht fähig, sich das Rauchen abzugewöhnen. Nach
dem Tod des Bruders wurde das Gefühl innerer Einsamkeit
immer stärker, dabei hatte er es so nötig, anerkannt und
verstanden zu werden. Tief in seinem Inneren, vor allen verborgen, peinigt ihn der brennende Wunsch nach Ruhm und
der Zweifel an den eigenen Werken, denen er nur wenig
seiner Zeit widmen konnte.
Das Buch, das Elio so sehr erwartet hatte und das er nicht
mehr hatte erleben dürfen, erschien im Jahre 1892 in einer
Auflage von tausend Exemplaren, auf Kosten des Autors, bei
dem kleinen Triester Verleger Vram. Schon 1890 war im ›Indipendente‹ eine lange Erzählung mit dem Titel *Der Mord in*

der Via Belpoggi veröffentlicht worden, aber Ettore hielt wenig davon. Das erste Buch war ein Roman und hieß *Ein Leben*. Wie es scheint, wurde er bereits im Jahre 1889 fertiggestellt. Mit dem Titel *Ein Untauglicher* wurde er dem Mailänder Verleger Treves angeboten, aber dieser weigerte sich, einen Roman mit einem solchen Titel zu veröffentlichen! Ettore war gezwungen zu warten, bis er ihn auf eigene Kosten verlegen konnte. Den Decknamen Samigli hatte er nicht beibehalten, aber seine deutsch-italienische Herkunft in seinem Namen widerspiegelnd, stellte er sich den Lesern als Italo Svevo vor. Mehr als seine Herkunft hatte ihn die Erinnerung an die Ausbildung, die er in seiner Jugend in Deutschland erhielt, wo sich der Einfluß Schopenhauers als besonders stark erwiesen hatte, zur Wahl dieses Pseudonyms veranlaßt. Schopenhauer war und blieb sein ganzes Leben lang sein bevorzugter Philosoph: Er besaß alle seine Werke und zitierte oft ganze Passagen auswendig.

In dem schüchternen, passiven Charakter des Hauptdarstellers von *Ein Leben* war etwas vom Charakter Ettores. Alfonso Nitti, der kleine Bankangestellte, konnte seinem grauen Arbeitsalltag keinerlei Freude abgewinnen, nur Resignation, wußte er doch, daß allein künstlerisches Schaffen ihm die Genugtuung bringen könnte, die er suchte. Autobiographisch sind außerdem die ausführlichen Beschreibungen des Banklebens und der zwei allabendlichen Lesestunden in der Stadtbibliothek.

Ettore wartete sehnsüchtig auf die Reaktion der Kritik. Durch seine Mitarbeit beim ›Indipendente‹ hatte er in dem kleinen literarischen Kreis seiner Stadt ein gewisses Ansehen als Literaturkritiker, er aber strebte nach Anerkennung als Schriftsteller von einer weitaus größeren Welt. Er erhielt einen Lobesbrief von dem deutschen Dichter Paul Heyse, Gegner des Naturalismus und Kopf des Münchner Dichterkreises, der sich für italienische Literatur interessierte:

München, 19. VI. 1897

Erst heute, verehrter Herr, ist es mir möglich, Ihnen für den
Roman *Ein Leben* zu danken, obwohl ich ihn schon vor Wochen in süßen Mußestunden in Salò am Gardasee gelesen
habe. Oft erhalte ich literarische Geschenke aus Italien, so
daß es mir nicht möglich ist, auf alle eingehend zu antworten,
ja manchmal nicht einmal mit einem einzigen Wort des Dan-
kes. Wenn ich für Ihr Buch eine Ausnahme mache, bedeutet
dies, daß die Begabung, die ich hier gefunden habe, mein
lebhaftes Interesse erregt hat, wobei ich nur zu gut verstanden habe, daß dieses ernsthafte und tiefsinnige Werk in
Italien nicht beachtet worden ist. Zunächst leidet dieser Roman an dem Fehler fast aller italienischen Romane, die in den
letzten zehn Jahren durch meine Hände gegangen – einer so
redseligen Breite, daß ohne Schaden für irgend etwas We-
sentliches der Umfang auf die Hälfte einzuschränken wäre,
indem man oberflächliche Einzelheiten und unendliche Wie-
derholungen streicht; dann aber haben Sie noch nicht begrif-
fen, daß die Nebenfiguren untergeordnet werden müssen,
um die Hauptpersonen stärker hervortreten zu lassen. Mit
unermüdlicher Sorgfalt schildern Sie die unerheblichsten
Vorgänge in der Bank, die unwichtigsten Nebenrollen werden so liebevoll durchgeführt wie die Protagonisten, als wäre
es Zweck Ihrer Dichtung, das Getriebe anschaulich zu machen à la Zola.

Und was das Bedenklichste ist: Der Held des Buches ist eine
so schwächliche, unbedeutende, vielfach abstoßende Natur,
daß die ausführliche Beschäftigung mit ihm und seinem Mi-
lieu, das Seciren seiner geringsten Gefühle, Gedanken und
Stimmungen sich kaum der Mühe zu lohnen scheinen. Wenn
ich Sie trotz alledem bis zum Ende aufmerksam gelesen habe,
trotz dieser Fehler, die man einem falschen künstlerischen
Beginn des modernen Naturalismus zuordnen kann, dann
nur deshalb, weil aus dem Buch eine ernsthafte Suche nach

der inneren Wahrheit hervorgeht und eine entschiedene Begabung für die Behandlung psychologischer Probleme. Wenn Sie einen Stoff wählen, der es Ihnen erlaubt, dieses Talent in der Behandlung eines glücklicheren und bedeutsameren Themas darzustellen, und dabei ernsthaft die Ausarbeitung mäßigen, werden Sie sicherlich Ihren Platz unter den am meisten beachteten Romanciers finden.
Mit einem herzlichen Gruß, Ihr Dr. Paul Heyse

Im ›Corriere della Sera‹ wurde eine Rezension des Buches von Domenico Oliva veröffentlicht, auch in der Triestiner Presse erschienen Besprechungen, dann breitete sich ein unerklärliches Schweigen über das Buch aus. Die Auflage ging nicht so sehr wegen der Käufe der Leser, sondern wegen der Geschenke an Freunde zur Neige. Das Ausbleiben des Erfolges ließ Ettore in Trostlosigkeit verfallen, die Vorwürfe der wenigen Kritiker über die Armseligkeit seiner Sprache verletzten ihn zutiefst. Er wollte die schlecht bezahlte Stellung aufgeben, um nach Florenz zu gehen und dort die ihm fehlende sprachliche und schriftstellerische Ausbildung nachzuholen, aber der Mißerfolg machte seine Träume zunichte, band ihn stärker und erhöhte seinen Mangel an Selbstbewußtsein.
Einen Monat nach unserer Verlobung schenkte er mir ein Exemplar des Buches mit dieser Widmung:
»Für Livia, ein schlechter Einband und ein schlechtes Buch. Aber, nichtsdestoweniger, ein ungewöhnliches Geschenk für eine Braut. Deshalb, und nur deshalb, bin ich froh, so sehr gelitten zu haben, um dieses Zeug zu schreiben und zu veröffentlichen.
Ettore, 20. 1. 96«

Die große Einsamkeit Ettores wurde etwa 1890 durch die Bekanntschaft mit Umberto Veruda beendet, einem talentier-

ten jungen Maler, der die Triestiner Malerei des 19. Jahrhunderts revolutionierte, den aber seine Stadt noch nicht
verstand. In Triest widmete man sich den Geschäften, die
Kunst spielte eine untergeordnete Rolle. Keiner verstand die
neue Malerei und ihr neues »Licht«. In Ettore, der älter war
als er, fand Veruda einen Freund mit einer verwandten Seele.
Ihr geistiges Einvernehmen war vollkommen, und viele Jahre lang bestand zwischen ihnen ein tiefes, gegenseitiges
Verständnis. Wenn Veruda von seinen häufigen Aufenthalten
in München, Wien, Paris und Berlin nach Triest zurückkehr-
te, sahen sie sich zwei- oder dreimal täglich. Abends wartete
er auf Ettore in dessen Büro in der Union Bank und vertrieb
sich die Zeit damit, die vorübergehenden Fußgänger zu skiz-
zieren. Gemeinsam spazierten sie über den Corso und verbrachten halbe Nächte im »Café Chiozza«, das der Treffpunkt
der Intellektuellen Triests war. Sie sprachen über ihre Hoffnungen und spornten sich gegenseitig an. Veruda, der sich
verstanden fühlte, konnte stundenlang mit Ettore über die
Probleme der Neuen Malerschule diskutieren, und Ettore
verbrachte viele Stunden im Atelier des Freundes, in der
alten Via degli Artisti, in dem Veruda zusammen mit seinem
treuen und begeisterten Schüler Ugo Flumiani malte.
Beide hatten ein ähnliches Schicksal: Sie fühlten sich von
ihrer provinziellen Umgebung unverstanden. Beide schwam-
men gegen den Strom und waren von einer schweren Melancholie befallen, die der Maler zu verscheuchen versuchte,
indem er sich an den Samstagabenden des Künstlervereins
einer ungezügelten Heiterkeit hingab. Sie hatten sich mit viel
Mut selbst entwickelt und spürten um sich nur Argwohn und
Mißbilligung. Vierzehn Jahre dauerte diese schöne Freundschaft, die zwei Charaktere vereinte: Ettore bremste mit
seiner gutmütigen Milde die Heftigkeit von Verudas launi-
schem Charakter und entschärfte dessen spitze Zunge; Veruda dagegen, mit seiner instinktiven Frechheit, lehrte

Ettore, der schon von der Härte des Schicksals gebeugt war,
trotz allem über das Leben zu lachen. Die Freundschaft lok-
kerte sich mit Ettores Eheschließung. Mißgestimmt hatte
Veruda die Botschaft von unserer Verlobung aufgenommen,
da er eine Entfremdung des Freundes fürchtete, und in gewisser Weise trat diese wirklich ein.

Veruda starb 1904 im Alter von 36 Jahren. Seit einem Jahr
hatte er mit einem unerklärlichen Vorgefühl und Bangen die
Nähe des Todes gespürt. Seit er den Tod seiner auf ihn wü-
tenden Mutter miterlebt hatte, hatte ihn ein Gefühl des
Unglücks befallen. Seine extreme Nervosität zehrte ihn auf.
Er war nach Paris geflüchtet, wo er ständig eine große Anzahl von Briefen und Adressen mit sich herumtrug, die im
Falle seines plötzlichen Todes seine Identität beweisen sollten. Er malte nicht mehr. Ettore, besorgt um den Freund,
hatte ihn in unser heiteres Haus in Murano eingeladen, welches auf Betreiben meiner Mutter neben der Zweigstelle der
Farbenfabrik entstanden war. »Du wirst wieder arbeiten«,
schrieb er ihm, »wirst das Vertrauen in Dich zurückgewin-
nen, in die Kunst, ins Leben.« Veruda hatte die Einladung
angenommen, er war Ettore wieder nähergekommen, hatte
sogar Zuneigung zu mir bewiesen, und im Frieden der Lagune hatte er seinen Schaffensdrang wiedergewonnen. Um
besser zu arbeiten, zog er nach Burano um. In nur wenigen
Wochen beendete er fast zwei große Gemälde, die für die
nächste internationale Ausstellung in Venedig bestimmt waren: *Commenti* und *Fondamenta a Burano*. Aber in dieser letzten
Zufluchtsstätte brach die Krankheit, die schon lange in ihm
schlummerte, erbarmungslos aus. Überstürzt kehrte er nach
Triest zurück, hinterließ ein kaum begonnenes Bild, *Testa di
Burano*, und starb in der Nacht des 29. August 1904. An
jenem Tag sah ich Ettore zum ersten Mal verzweifelt wie ein
unglückliches Kind auf dem Bett liegend weinen. Wieder
hatte er einen Freund verloren, einen geistigen Bruder, den

Beichtvater seiner geheimen Gedanken, der ihm immer nahe-
gestanden war in den Widerwärtigkeiten des Lebens.

Es war Ettore, der sich bis zu dessen Tod um Verudas blinden
Vater kümmerte, der allein zurückgeblieben war, ohne Unterstützung. Um den dauerhaften Ruhm des Freundes zu
sichern, förderte er im Oktober des Jahres 1904 zusammen
mit Enrico Schott eine Ausstellung aller Werke Verudas in
einer Halle am Ende des Canale Grande, neben der Kirche
von Sant'Antonio Nuovo, und rief so die einhellige Zustimmung für den Maler hervor, die diesem zu Lebzeiten ver-
wehrt geblieben war. Als Erbe der Gemälde hängte er sie
sorgfältig in unserer Wohnung auf und bestimmte in seinem
Testament, daß die Sammlung nicht zerstückelt werden dür-
fe. Mit knapper Not gelang es ihm, die Bilder vor dem Wüten
des Krieges zu retten, indem er sie nach Arcade in die Provinz
Treviso brachte, wohin ich im August 1943 mit meiner Tochter Letizia und meinem Neffen Sergio geflohen war. In den
Gemälden spürte Ettore seinen Freund stärker weiterleben.
Aber Veruda, mit seinem spontanen Gelächter, mit seiner
aufrichtigen Art, die Dinge zu sehen, lebte auch weiter auf
den Seiten von *Ein Mann wird älter*, wo viele seiner Eigenschaften in der Figur des Bildhauers Balli angedeutet sind.
Eine Szene aus *Ein Mann wird älter* hatte wiederum Veruda zu
seinem Meisterwerk *Ritratto dello scultore*, ausgestellt in der
Galleria d'Arte Moderna in Venedig, inspiriert.

Viele Jahre später, in einem Brief an einen guten Freund,
beschrieb Ettore den Charakter Verudas folgendermaßen:

14. 6. 1928

Werter Freund Schiffrer,
    das erste, was mir bei dem Versuch, mich an den Cha-
rakter von Veruda zu erinnern, in den Sinn kommt, ist,
daß er sich von Grund auf von dem Ballis unterschied,
zumindest als Veruda von München, und nach Neapel

und Rom, zu mir kam. Schon damals, mit 19 Jahren, hatte der Jüngling die Gefahren des Lebens erfahren, und er faßte zwar die Frauen an, wann immer er konnte, aber mit der Vorsicht, mit der man Dinge anfaßt, an denen man sich verbrennen kann. Er trug bereits die Verantwortung, seine kleine Familie mit einigem Anstand durchzubringen, und das war keine leichte Sache, da ihm dazu nur ein Mittel zur Verfügung stand: seine Ölfarben. Er war daher völlig verschieden von dem selbstsicheren und wenig künstlerischen Balli. Im Unterschied zu Balli hatte Veruda auch von Anfang an als Künstler Erfolg. Auch bei den Frauen hatte er Erfolg, denen Leute mit ein bißchen Ruhm so gut gefallen. Aber über Liebe wurde mit Veruda nicht gesprochen, und jahrelang gab es in unserer Gesellschaft keine Frauen. Dann passierte mir diese schöne Geschichte und gleich darauf ihm eine ähnliche, die jedoch damit endete, daß er nach Wien abreiste, ohne Reue und ohne größere Erregung. Ich weiß, daß es den Gipfel seiner Erregung darstellte, als er eines Tages im Politeama und vor allen Leuten seine Geliebte ohrfeigte, die sich dessen noch lange Zeit rühmte. Natürlich ähnelte er Balli in gewisser Hinsicht, wie Benco es so gut zum Ausdruck gebracht hat: in der großen Anständigkeit, aber auch in einer gewissen Gleichgültigkeit gegenüber den Dingen dieser Welt, wenn sie nicht schön sind.

Wenn es eine Tragödie im Leben Verudas gegeben hat, so war es der Tod der Mutter in Villach, der über ihn hereinbrach. Schon der Mutter zuliebe dachte er nie daran, sein Leben noch weiter zu verkomplizieren. Eine Zeitlang hatte er vor, sich eine Aussteuer zu erheiraten. Er hat viel darüber gelacht. Bei jeder ansehnlichen Hochzeit in der Stadt rechnete er aus, wieviel er verloren habe. Eine Million, zwei Millionen, manchmal auch

drei. Niemand verstand es wie er, mit solcher Sorg-
losigkeit Millionen zu verlieren. Man sagte von ihm
immer, daß er ein großer Kämpfer sei. Aber er zog stets
die Gesellschaft kleiner Literaten, wie ich es war, oder
eines genialen und schlampigen Arztes oder eines etwas
seltsamen Angestellten der reichen Leute vor, die seine
Kunden hätten werden können. Und meine Ermahnun-
gen fruchteten nichts.

Aber Ettore war nicht mehr allein: In der Familie hatte er sein
Zentrum gefunden.
Am 20. Dezember feierten wir im Familienkreis unsere Verlobung. Bis zu jenem Zeitpunkt hatte er nie daran gedacht zu
heiraten. Nach dem Tod seiner Mutter hatte er weiterhin im
Elternhaus gelebt, das von seiner Schwester Paolina geführt
wurde, gebildet, intelligent und gut, die aus einer unglücklichen Ehe mit ihren drei Kindern Davide, Sarah und Aurelio
in ihr Geburtshaus geflüchtet war. Sie kümmerte sich wirklich wie eine Mutter um Ettore, Adolfo und um die jüngere
Schwester Ortensia. Die anderen hatten sich schon von den
Eltern gelöst: Jeder hatte bereits eine eigene Familie und ein
eigenes Heim. Ottavio war seit vielen Jahren weit weg,
Bankier in Wien, verheiratet mit Friederike Freiberger, einer
ausgezeichneten Pianistin, welche die berühmtesten Musiker
Wiens um sich herum versammelte. Unternehmungslustig,
ernst, aufrichtig, hatte er alle positiven Eigenschaften des
Vaters geerbt. Adolfos Leidenschaft dagegen gehörte, auch
wenn er weiterhin der kaufmännischen Arbeit im väterlichen
Betrieb nachging, der Musik, und wegen seines Tempera-
mentes neigte er zu einem übertriebenen Patriotismus.
Es hatte den Anschein, daß sich mit vierunddreißig Jahren
Ettores Dasein endgültig in dieser Weise eingespielt hatte:
daher kam es ihm fast wie ein Verrat vor, als er sich verliebte,
und dieses Ereignis war für ihn das größte seines Lebens.

Nur seine Mutter hatte einige Jahre zuvor eine Vorahnung
von unserem Schicksal gehabt. Als sie uns eines Tages aus
dem Fenster nachsah, als wir zusammen das Haus verließen,
hatte sie gesagt: »Die beiden passen sehr gut zusammen.«
Die Zeit der Verlobung war für Ettore eine Zeit großer Erregung, die er durch Zigarettenrauchen zu unterdrücken
suchte, und großer Schlaflosigkeit. Er litt an einer außergewöhnlichen Sensibilität. Eines Tages hatte er sogar zu mir
gesagt.

»Denke daran, daß ein falsches Wort das Ende von allem
wäre.«
Einer so viel jüngeren Frau versprochen, peinigte ihn eine
heftige, ich würde fast sagen, krankhafte Eifersucht. Überall
sah er Schatten. Um intimer mit mir kommunizieren zu können, schrieb er mir am 23. Dezember 1895 einen Brief, der
den Beginn eines Tagebuches bildete, das bis zum Vorabend
unserer Hochzeit geführt wurde:

                                                    23. 12. 1895
Meine Livia,
nun kann ich also dank Deiner guten Idee meinen reinen
Traum zu Papier bringen! So rein! Ich erschrecke davor!
So rein, daß ich manchmal wirklich daran zweifle, ob es
sich um Liebe handelt, denn die Liebe habe ich mit ganz
anderer Physiognomie kennengelernt. Wenn Du wüß-
test, mit welcher! Ich beschreibe sie nicht, denn sonst
könnte ich Dir dieses Blatt gar nicht aushändigen. Aber
daß ich, der ich mich geradezu für das letzte Produkt der
Gärung eines Jahrhunderts hielt, für etwas, das nicht
weitergehen kann, da es nichts anderes inständig zu be-
gehren vermag als die Ruhe oder die kurze, improvi-
sierte, gestohlene und gleich wieder vergessene Befriedigung, einen Raub, eine Schändlichkeit, wenn auch auf
feige Weise bequem, daß ich an Deiner Seite sein darf

und, um sich die unerhörte Reinheit des eigenen Geistes
zu erklären, das Bedürfnis fühle, Dir beim Küssen ein
Wort zu sagen, das Dich selbst überrascht hat: ›Schwester!‹ – das ist verblüffend. Das Wort war nicht gut
gewählt, das gebe ich zu; aber wo finde ich ein anderes?
Geliebte niemals; das ist wirklich das Wort, das ich am
meisten hasse, denn es erinnert mich an jene Physiogno-
mien, die mir jetzt verhaßt sind. Das wird alles vorbeigehen, denn das Leben wird uns wieder mit seiner
ganzen Vulgarität umhüllen, und vielleicht (oh! arme
Livia!) werde ich wieder das alte Individuum, das sich
selbst und den, der ihm am nächsten steht, mit seinen
Zweifeln und mit seiner Vergangenheit quält, mit all
den entmutigenden Erfahrungen, die man nicht mehr
vergißt, weil sie einem in Fleisch und Nerven überge-
gangen sind. Doch einstweilen wird dieses Jahr, oder
werden die zehn oder acht Monate, so sein wie diese
ersten 40 Stunden, und in einem Leben werden sie mir
sicher wie eine Pause vorkommen, in der die physika-
lischen Gesetze weniger streng waren und die stets
winterliche Landschaft sich unter einer Sonne erwärm-
te, von der man nicht wußte, daß es sie gab. Also ein
Geschenk! Wenn danach anderes kommt (oh! das Duett
aus dem *Otello*!), wird man sich immer mit der Erinnerung trösten können, vor allem an jenen Tag, an dem der
heilige Thomas den heiligen Antonius heimsuchte, um
ihm seine Zweifel zu klagen, und der heilige Antonius
(eigentlich merkwürdig für einen Kirchenvater) erklärte, es liege ihm nichts daran, dem anderen seine Zweifel
zu nehmen. Wie süß Du warst! Ich Dilettant (unglück-
seligerweise nicht Künstler) gefiel mir so sehr darin,
Dich leiden zu lassen, und erklärte Dir zum Schluß: ›Ich
freue mich, daß ich mit dir gesprochen habe‹, während
mir mein Gewissen sagte, daß ich mich gefreut hatte,

Dein Gesicht rot und blaß werden zu lassen, und daß ich jede Deiner Gesten, in denen ich bei Dir, für gewöhnlich so sicher und ruhig, ein Zaudern oder Leiden entdeckte, wie eine Eroberung genoß. Und Du mußt mich kennenlernen! Ich habe es in diesen Wochen der Prüfung fertiggebracht, so ruhig und kühl zu sein, vor allem weil ich wußte, daß Du littest, und ich verbrachte Stunden ungezwungener Fröhlichkeit, wenn ich erfuhr, daß Du geweint hattest. Reiner konnte meine Liebe zwar werden, weniger Unruhe stiftend und, sagen wir es doch, sanfter nicht! Und wer weiß, ob in Zukunft, sollte mir der Verdacht kommen, Du seist dabei, Dich auch nur um einen Millimeter von mir zu entfernen, nicht der Wunsch in mir aufstiege, Dich wieder näher an mich zu ziehen oder Dich wenigstens nahe zu fühlen, mir zu schmeicheln, Dich nahe zu haben, indem ich Dich zum Weinen bringe. Es gibt keine innigere Beziehung als die zwischen dem, der leidet, und dem, der leiden macht. Jede Träne aus Deinen Augen (sind sie grün? Ich weiß wirklich nicht, was das für eine Farbe sein soll) ist ein Geschenk. Es sind jetzt tatsächlich schon einige Tage, daß ich an diesem Brief herumlaboriere. Wer weiß, was ich Dir geschrieben habe! Ich habe mich in diesen Stunden so verändert, daß ich vielleicht alles zerreißen würde, wenn ich es wiederläse; aber es ist besser, daß eine Spur der ganzen Vergangenheit bleibt. Vielmehr will ich zum Abschluß als der gute Buchhalter, der ich bin, noch etwas verzeichnen! Den ersten Kuß gab ich Dir mit der Kühle, mit der ich meinen Namen unter einen fertigen Kontrakt gesetzt hätte; den zweiten gab ich mit einer ungeheuren Neugier, Dich und mich zu analysieren, und statt dessen analysierte und begriff ich gar nichts, denn es war noch etwas Schüchternes in mir, das mich erstarren ließ; beim dritten und den folgenden

fühlte ich in meinen Armen das süße Mädchen, das ich
gesucht hatte, das Verlangen meines letzten Restes von
Jugend. Und jetzt verstehe ich die Sache immer weniger; fest steht, daß meine Fähigkeit zur Analyse wesentlich weniger groß ist, als ich dachte. Ich weiß nicht, was
für eine Farbe Deine Augen haben, Deine Haare über-
raschen mich oft, und ich kenne Deine Küsse noch
nicht. Auch die meinen haben eine überraschende Farbe, keine Wärme wohlgemerkt, denn ich achte ganz fest
darauf, daß ein Kuß von mir nicht mehr sei, als Du
zuläßt, daß er sein darf. Ich will nicht heftig sein, ich will
süß und sanft sein. Meine größte Wollust besteht darin,
mich gewandelt zu fühlen, noch wage ich nicht zu sagen, verjüngt. Liebe Livia, es war eine schwere Erschüt-
terung, von der ich mich noch nicht erholt habe. Aber
ich mache mir keine Sorgen; erstens ist es wahrscheinlich,
daß ich mich mit dem guten Willen, den ich dareinsetzen
werde, erhole; und sollte ich mich nicht erholen, bliebe
die Sache keineswegs weniger schön. Ich bin schon jetzt
der Überzeugung, daß Du keinen anderen Mann mehr
finden würdest, denn, es ist nutzlos, daß ich es Dir ver-
hehle, ich habe Dich stark kompromittiert, und keiner
würde Dich mehr nehmen. Und dann, ja dann habe ich
noch eine Idee, aber die bringe ich nicht zu Papier. Die
verrate ich Dir mündlich. Nunc et semper.

Dein Ettore

So begann die erste Seite des Tagebuchs:

Ein Mann kann auf dieser Welt nur zweierlei Arten
großen Glücks erfahren: das, sehr zu lieben, oder das,
sich im Lebenskampf als Sieger zu erweisen. Man ist auf
die eine oder die andere Weise glücklich, aber es kommt
nicht häufig vor, daß das Schicksal beide Arten von

Glück beschert. Mir scheint daher, daß unter den menschlichen Charakteren diejenigen die glücklichen sind, die entweder auf die Liebe verzichten können oder sich dem Kampf entziehen. Am unglücklichsten sind die, die sich in Wünschen oder Taten zwischen den beiden so gegensätzlichen Bereichen zersplittern. Seltsam, wenn ich an meine Livia denke, sehe ich sowohl die Liebe als auch den Sieg.

Manchmal erschien neben dem Datum eine Uhrzeit: »Vier Uhr und sieben Minuten.« Das war die Todesstunde seiner Mutter. Und zu dieser Stunde nahm er sich oft vor, die letzte Zigarette zu rauchen, welche leider nie die letzte blieb. Vielleicht versuchte er mit dem Rauch die »Frösche« zum Schweigen zu bringen. So nannte er die anhaltenden Zweifel, die ihn plagten.

25. Januar 1896: Halb so schlimm! Deine Mutter rief mich an, daß es Dir besser geht. Man sagt, daß die Liebe auch von den Fröschen heilt. Ich dagegen habe doppelt so viele wie zuvor: für Dich und für mich. Piero sagte gestern, daß es von der Erkältung zur Bronchitis nur ein Schritt sei, und den ganzen Abend und dann später, im ›Piccolo‹ und danach noch im Bett, sah ich meine Livia der Bronchitis ganz, ganz nahe. Weißt Du, was das ist? Ein Keuchen, ein Fieber, das es Dir nicht erlauben würde, an mich zu denken, der ich an Deiner Seite wäre, mehr denn je der Deine, denn ich litte an dem gleichen Keuchen, dem gleichen Fieber. Und Du stürbest, ohne auch nur daran zu denken, daß Du mich so erbärmlich allein läßt, denn ich würde wirklich, wirklich allein sein. Ich bin schon so daran gewöhnt, Dich als den Angelpunkt zu betrachten, um den sich meine Wünsche und meine Hoffnungen drehen. Heute ist ein klarer und

schöner Tag, und meine Frösche beruhigen sich, wenn
kein Schirokko ist. Ich erinnere mich, daß ich gestern
Deinen Puls fühlte. Tack! Tack! Es liegt weder Müdigkeit noch Ungleichmäßigkeit darin. Er schlägt gesund
und munter, als wäre er für die Ewigkeit. Ich werde
mich immer an ihn erinnern, und wenn ich Frösche
habe, werde ich deshalb dafür sorgen, daß sie in anderem Ton quaken. Ich werde mich sterben sehen und
Dich als meine gütige Pflegerin. Denn schon bist Du
dazu bestimmt, Krankenschwester zu spielen, und das
wirst Du auch tun. Ich werde voller Ansprüche und
übler Laune sein und Dich so leiden lassen, daß Du,
wenn ich mich davonmache, häßlich und alt zurück-
bleibst und Dich keiner mehr haben will.

Dieser Gedanke, nach seinem Tod durch eine zweite Ehe in
Vergessenheit zu geraten, verließ ihn nicht mehr. Auch in den
Jahren unseres glücklichen Zusammenlebens überkam er ihn
immer wieder. In ihm war immer die nachträgliche Eifersucht auf einen vermeintlichen Rivalen wach, und er schrieb
sogar einen humoristischen Entwurf darüber.

3. Februar 1896. Ich habe eine Menge zu tun, aber trotzdem will ich einen Teil meiner Eindrücke von Deinem
lieben, lieben Brief zu Papier bringen, *ma bien aimée!!!*
Nie ist mir meine Gefühlsunterlegenheit so deutlich
zum Bewußtsein gekommen! Oh! um Dir in Deiner
Einfachheit des Ausdrucks gleichzukommen, würde es
für mich nicht einmal genügen, gesund und stark zu
werden! Du liebst ganz einfach, und in Deinem gesunden Geist gesellt sich das Neue zu all den anderen guten
und reinen Dingen, die unter Deinen blonden Haaren
logieren, und daraus entsteht ein gutes, reines, aufrichtiges, absolutes Ganzes. Ich dagegen, wie bin ich doch

ganz anders! Der Gedanke an Dich wird immer wieder
verjagt durch den Gedanken an mich; was wäre denn
dabei, wenn ich für alle Freuden, die Du mir gibst, auch
ein wenig leiden müßte, aus Eifersucht oder aus gesell-
schaftlicher Unterlegenheit? Doch wenn ich denke, daß
Du mich leiden machen wirst, liebe ich Dich sofort
weniger. Du hast ja den Brief erhalten, den ich Dir
schrieb, und auch diese Seiten gelesen. Wie wenig aufrichtig ist darin doch der Ausdruck im Vergleich zu dem
Deinen, *Du Knospe*; wie gesucht sind die Gedanken, wie
wird darin immer eher die Idee gepflegt als das Gefühl!
Es sieht fast so aus, als liebte ich auf die gleiche Weise,
wie ich mit 12 Jahren gespielt habe; nämlich mit einer
schrecklichen Angst, daß man mich kindisch nennen
könnte! Beim Schreiben habe ich Tränen in den Augen
vor Schmerz, daß ich Dir nicht ähnlicher bin, und auch
von diesen Tränen wird auf dem Papier keine Spur bleiben. Der schreckliche Phrasendrescher, der in mir immer auf der Lauer liegt, gewinnt die Oberhand und
trübt alles, was ich Dir sagen kann. Und die Sache ist
ernster, als es Dir scheinen mag, meine Livia. Aber Du
hast ja keine Angst. Ich werde Dich immer so lieben,
wie es das Ende des Jahrhunderts mir erlauben wird,
und nicht anders. Vielleicht bleibt Dir trotz meiner
Nähe das offene und einfache Wort erhalten, das Dir
bestimmt ist. So wirst Du auch einmal beweisen, daß
Du unbestechlich bist! Wehe! Wenn Du mir ähnlich
werden solltest!

Das letzte Schreiben vom 6. März lautet folgendermaßen:

Livia Veneziani, geboren für Schmitz.
Sie ist blond, daran besteht kein Zweifel, aber trotz
ihrem weißen Gesicht und ihren grünen Augen könnte

man der Ansicht sein, es hätte ihr auch nicht geschadet, dunkelhaarig auf die Welt zu kommen, und deswegen wäre sie nicht weniger Livia und nicht weniger geboren für Schmitz. Woher all diese Haare, die gar nicht für das feine Köpfchen bestimmt scheinen? Manchmal gerät die ganze kleine Person dadurch aus dem Gleichgewicht wie eine Pagode. Woher diese Altstimme? Dunkel, tief, drohend, bleibt sie dennoch so oft sanft und gut, und man weiß nicht wie. Sie ist harmonisch, aber nicht im Einklang mit dem Kolorit des Gesichts und der Haare. Oh! so blond in den Gefühlen, liebe Livia!

Wir sahen uns jeden Tag und verbrachten bezaubernde Stunden im Garten der Villa von Sant'Andrea. Oft kam Ettore mit dem Fahrrad und brachte mir Kaffee auf Eis. Lebhaft wie er war, erheiterte er mich laufend mit einer Reihe geistreicher Witze, und oft spielte er mit mir und meinen Cousinen das Platzwechselspiel und andere Spiele. Er war glücklich, und sein Humor sprudelte wie Schaumwein. Zu jener Zeit lasen wir gemeinsam die *Römischen Elegien* von Goethe.
Unsere Vermählung wurde am 30. Juli 1896 in Anwesenheit der zahlreichen Verwandtschaft gefeiert, dem Willen meiner Mutter gehorchend mit einem gewissen Prunk. Wir begaben uns sofort auf die Hochzeitsreise, welche etwa einen Monat dauerte. Unsere erste Station war Annenheim am Ossiacher See; danach fuhren wir nach Wien, wo wir uns mit meinem Schwager Ottavio trafen. Schließlich kehrten wir über Fiume nach Triest zurück. Während der Reise las Ettore mir die ersten drei Kapitel des neuen Romans vor: *Ein Mann wird älter*.
Wir fanden unsere Wohnung im zweiten Stock der Villa Veneziani von meiner Mutter vorbereitet vor. Ihre gebieterische Zuneigung erlaubte keine völlige Trennung von mir. Nach der Rückkehr aus Frankreich hatten meine Eltern die

Fabrik für Unterwasserfarben nahe Servola gegründet, nicht weit entfernt vom Abladeplatz für Holz. Neben der Fabrik erhob sich zwischen den Wiesen ein altes Haus, das meiner Großmutter mütterlicherseits, Fanny, gehörte und das nach den Plänen meines Vaters instand gesetzt wurde. Nach und nach, mit dem Wachsen des Wohlstandes, wurde dieses Haus verschönert und immer behaglicher gemacht. Mein Vater hatte die Entwürfe für die Stukkatur des Musiksalons gemacht (alles natürlich im venezianischen Stil des 18. Jahrhunderts) mit Flügeln und mit Blumen- und Obstmotiven für die Scheiben und mit Lampen aus Murano für die Veranda. Es war das einzige herrschaftliche Haus im Industriegebiet, inmitten all der Werkstätten, Baustellen und der rechteckigen Fabriken, welche später entstanden. Mit Verstand und Unvoreingenommenheit hatten mein Vater und meine Mutter gewünscht, daß das Bürgerhaus neben der Fabrik gebaut würde. So wurde die Arbeit auch von meiner Mutter aufs genaueste überwacht, und außerdem entstand eine freundschaftliche Verbindung mit den Arbeitern und den Technikern.

Eine Glyzinie rankte an der Laube empor, über die Balkone, und schmückte die Fassade. Der Vorraum war eher eng. Das Eßzimmer dagegen war sehr weitläufig mit den wunderbaren farbigen Fenstern und den Lampen aus Hirschhorn, welche man aus Rußland hatte kommen lassen. Daran schlossen der große Musiksaal an, die Veranda und zwei Salons mit weichen Diwanen, Kissen und Teppichen. Hinter dem Haus erstreckten sich der Garten, der Bocciaplatz und der Tennisplatz, der in den folgenden Jahren, zur Zeit der neuen Generation entstand. Den ersten Stock der Villa bewohnten meine Eltern mit meinen Schwestern Fausta und Dora und mit meinem Bruder Bruno, der noch ein Kind war. Nella lebte weit weg, verheiratet in Bulgarien. Dies war das Reich meiner Mutter, klein, mager, nervös. So erschien sie den

Gästen neben der großen ruhigen Gestalt meines Vaters mit
seinem langen Bart, der ihm bis auf die Brust reichte. Und
dies war für 32 Jahre das Haus, die Umgebung und das
Arbeitsfeld von Ettore Schmitz-Svevo.

Von den vielen geliebten Gegenständen blieb nichts als ein
Haufen Schutt: Am 20. Februar 1945 zerstörten Spreng- und
Brandbomben das liebe alte Haus.

Unsere Wohnung im zweiten Stock der Villa war sehr bescheiden und bestand aus drei Zimmern. Hier, mit den
Fenstern, die auf das Meer hinausgingen, verbrachten wir
fünf sehr glückliche Jahre.

Das Leben Ettores spielte sich ohne Aufregungen zwischen
Wohnung und Bank ab, mit einem strengen Zeitplan. Er
hatte die nächtliche Arbeit im ›Piccolo‹ aufgeben müssen, wo
er viele Jahre lang die ausländischen Zeitungen gesichtet
hatte, und unterrichtete statt dessen weiterhin französische
und deutsche Handelskorrespondenz am Institut Revoltella,
der zukünftigen Universität von Triest. Er besaß den Ehrgeiz
und den Stolz, mit seinen Einkünften ohne Hilfe meiner
Eltern für die Bedürfnisse seiner kleinen Familie zu sorgen.
Auch ich hatte mich, um das Einkommen der Familie auf-
zubessern, eine Zeitlang um die Verwaltung der väterlichen
Fabrik gekümmert.

Aber Ettore maß dem Geld keinerlei Bedeutung bei. Bei
unserer Verlobung hatte er mir gesagt: »Denke daran, daß ich
keine Geldmaschine bin.« Jeden Monat händigte er mir sein
gesamtes Gehalt aus und behielt nur eine geringe Summe für
die täglichen Ausgaben für sich. Aber er arbeitete ohne Pause, auch, um dem Bruder Adolfo, Inhaber der Firma Schmitz,
zu helfen, der in finanzielle Bedrängnis geraten war. Um für
einen Freund zu bürgen, hatte Ettore sich außerdem eine
nicht unwesentliche Verbindlichkeit aufgehalst. All diese
Verpflichtungen lasteten auf seinen Schultern und hinderten
ihn daran, sich der Kunst zu widmen. Wir lebten in enger

Gemeinschaft mit meiner Familie und der großen Verwandtschaft, die ein sehr inniges Verhältnis hatte. Jeden Sonntag
empfing die Familie Veneziani, zusätzlich zu den Familienangehörigen, eine große Zahl von Freunden, manchmal an
die hundert Personen. Man kann sagen, daß sich hier das
gesamte intellektuelle und musikalische Triest versammelte.
Durch die Heirat hatte sich Ettores Leben völlig verändert;
ich glaube, daß sich durch die heitere und geordnete Atmosphäre, die ich um ihn herum schuf, auch sein Pessimismus
beruhigte. Er vertraute mir alles an, fast wie ein Sohn, aber
ich wünschte mir, daß er seinen Willen und seine Wünsche
über jede Sache äußern solle. Ich mußte ihn zum Schneider
begleiten, ihn zwingen, einen neuen Anzug zu wählen, auf
seine Kleidung zu achten, auf die er überhaupt keinen Wert
legte. Er kleidete sich fast immer in Schwarz und wußte nicht
einmal, wie man die Manschettenknöpfe wechselte. Zerstreut wie er war, legte er die Gegenstände nie an ihren Platz
zurück. Er liebte die größte Einfachheit: er wollte weder
Anstecknadeln noch wertvolle Manschettenknöpfe, noch
Ringe. Es wunderte ihn, daß mir Schmuck gefiel. Den Ehe-
ring trug er nur kurze Zeit, dann zog er ihn mit den Worten
»Er ist mir zu eng« ab.
1898 war auf seine Kosten wieder beim Verleger Vram sein
zweiter Roman erschienen, *Ein Mann wird älter.* Er war nicht
zur Veröffentlichung bestimmt gewesen; einige Kapitel waren sechs Jahre zuvor entstanden, mit der Absicht, die
Erziehung Angiolinas vorzubereiten, Hauptperson der Geschichte, welche keine erfundene Gestalt war, sondern eine
existierende Person. (Sie war ein blühendes Mädchen aus
dem Volke mit Namen Giuseppina Zergol und endete als
Kunstreiterin in einem Zirkus.) Sie war die erste, die einen
Teil des Romans, dessen Protagonistin sie war, kennenlernte.
Auch die anderen Figuren des Romans existierten wirklich,
und in Triest murmelte man ihre Namen. Nach der Ehe-

schließung hatte Ettore das Buch mit der Angst desjenigen
herausgebracht, der ein endgültiges Urteil erwartet: Aber
wieder umgab absolutes Unverständnis das Werk.
Wieder erhielt er einen Brief von Paul Heyse:

München, 26. November 1898
Herr Professor Ettore Schmitz
Ich danke Ihnen, verehrter Herr, für die freundliche Zusen-
dung Ihres zweiten Romanes, welchen ich mit demselben
Interesse gelesen habe wie *Ein Leben*. Ich habe in ihm dieselbe Kunst der psychologischen Analyse gefunden, dieselbe
scharfsinnige Beobachtungsgabe.
Ich habe nur bedauert, daß Sie Ihr Talent an einen so wider-
wärtigen Stoff verschwendet haben, wie Ihnen selbst doch
das Lebensbild eines jungen Mannes scheinen muß, der sein
haltloses, unbedeutendes Dasein in ohnmächtigen Wünschen
verzehrt, um sich dann, zwischen Illusionen und klarer Er-
kenntnis hin und her geworfen, mit leidenschaftlicher Hart-
näckigkeit an eine Dirne zu hängen, deren Verlust er
lebenslang bedauert. Das Problem einer Liebe, die sogar die
tiefste Verachtung überwindet und gleichzeitig größte Freude und Übelkeit verursacht, ist sicher für eine dichterische
Abhandlung geeignet. Turgenjew hat eben dieses Thema in
einer kleinen Novelle meisterhaft behandelt, *Petruschka*. In
der langweiligen Weitschweifigkeit, mit der Sie die kleinsten
Unruhen des Geistes behandeln, überwiegt unser Mitleid mit
diesem unseligen Versager nicht lange über den Ekel über
seine moralische Krankheit, um so mehr, als das Schicksal
seiner unglücklichen Schwester, die im Guten Trost für ihre
unbefriedigte Sehnsucht nach Liebe sucht, dem Ganzen eine
noch düsterere Note gibt. Ist das Leben so arm an Leiden-
schaftsproblemen in kraftvollen und gesunden Naturen, daß
der Dichter seine Aufgaben mit Vorliebe in Krankheits-
geschichten suchen muß?

Ich wäre glücklich, Sie bald in einer reineren Atmosphäre
treffen zu können anstatt in der erdrückenden Umgebung der
Dekadenz.

Ihr Ihnen zutiefst ergebener   Paul Heyse

Außer dem ›Indipendente‹, der sie im Unterhaltungsteil ge-
druckt hatte, erwähnte keine italienische Zeitung die Geschichte. Getroffen vom Schweigen und der Gleichgültigkeit der Öffentlichkeit, beklagte sich Ettore.

»Ich begreife dieses Unverständnis nicht. Das heißt, daß
die Leute keine Ahnung haben. Es ist unnötig, daß ich
schreibe und veröffentliche«;

und manchmal fügte er hinzu:

»Schreiben muß ich, aber veröffentlichen ist nicht
nötig.«

Mit einer schmerzlichen Anstrengung entsagte er der Literatur. Er behielt sein Bedauern für sich und offenbarte es nur
selten. Er sprach weder von Komödien noch von Novellen,
aber in der Stille der Nacht ging er seiner eigentlichen Neigung nach, indem er sich in die Literatur vertiefte. Nach den
Franzosen bevorzugte er nun die Nordländer. Ibsen, Dosto-
jewskij, Tolstoj beherrschten jetzt seine geistige Welt. Er war
ein langsamer, aber hartnäckiger Leser. Er fing um halb elf
abends zu lesen an, und nach einigen Stunden verfiel er in
einen tiefen und ruhigen Schlaf, bewegt von Träumen, an die
er sich nie erinnerte.

Die unterdrückten Schriftstellerträume kamen noch manchmal zum Vorschein; dann schrieb er zu jeder Tages- und
Nachtzeit, an jedem Ort, auf losen Blättern. In unregel-
mäßigen Abständen notierte er Gedanken und Eindrücke,
fast wie um tiefer in sich selbst einzudringen und seine Umgebung genauer zu analysieren. Dann ließ er diese Blätter
liegen, ohne sie zu ordnen, ohne sie zu überarbeiten, und
vielleicht auch, ohne sie wiederzulesen. Diejenigen, welche

ich retten konnte, gehören zur Gruppe der unveröffentlichten Schriften.

Wenn *Ein Mann wird älter* ihm Erfolg gebracht hätte, dann
hätte er – davon bin ich überzeugt – weitergeschrieben, auch
wenn es ihm die Bedürfnisse der Familie nicht ermöglichten,
die Arbeit aufzugeben, um sich völlig der Kunst zu widmen.
Er hätte ein Doppelleben ohne weiteres hingenommen und
hätte vor uns allen mit einem Lächeln die Last einer derar-
tigen Anstrengung verborgen.

Als ich ihm meine nahende Mutterschaft ankündigte, war er
so aufgeregt, daß er mir einen Brief schreiben mußte, in dem
er seine neuen, ungeahnten Gefühle deutete:

> Triest, 8. 1. 97, neun Uhr vormittags
> Die Geburt des Francesco Schmitz
> Gestern hat sie mich davon in Kenntnis gesetzt, noch
> zweifelnd, aber schon gerührt und aufgeregt. Heute
> sind wir uns fast sicher: Francesco Schmitz ist geboren.
> Seit fünf Monaten wissen wir nicht, ob wir uns das
> wünschen oder ob wir es fürchten sollen. Wir waren alle
> beide bestürzt: Ihre Gedanken liefen sofort zu unserem
> Hauptproblem: »Vorläufig«, sagte sie, »wird es uns
> nicht mehr möglich sein, unsere Schulden zu bezahlen.«
> – »Ja! Gewiß! Die werden nicht bezahlt!« Aber nicht das
> ist die größte Sorge. Ich fühlte einen intensiven, bitter-
> süßen Geschmack im Mund. Bitter, weil ich dachte, daß
> die vielen von mir geträumten Träume nun von einem
> meinesgleichen wiedergeträumt würden! Auch er wür-
> de womöglich, durch Ähnlichkeit seines Gehirns mit
> dem meinen, anfangen, sich das Schicksal eines Napo-
> leon zu erträumen und vielleicht – immer auf Grund der
> gleichen Ähnlichkeit – das eines Travetti haben. Oh!
> Hohn! Auch ich würde noch einmal für die gleichen
> Träume geboren werden, mit ihm und durch ihn, und

die traurige Komödie würde für mich bis zum Ende fortdauern. Bitterer Geschmack auch deshalb, weil ich nicht daran zweifle, daß mein schmerzlicher Kampf meinem Äußeren erniedrigende, entehrende Zeichen aufgedrückt hat, die ich an ihn weitergeben werde. Und aus den gleichen Gründen süß! Die Träume fangen wieder an, die Hoffnungen. Vorwärts! Das ist das Leben! Wahrscheinlich werde ich in der Ausweitung meines Egoismus, der meine Art von Vaterliebe sein wird, mich selbst und meine Hoffnung gar nicht wahrnehmen: Ich bin so gewesen, und mir ist so geschehen! Du bist nach meinem Bild gemacht, und doch wird dir etwas ganz anderes zustoßen! Du wirst nicht einmal so denken wie ich! Es ist zwar unlogisch, töricht, aber sobald ich ihn gern haben werde, werde ich das denken! Daher werde ich auch die Einseitigkeit der Überlegung verloren haben, den einzigen Vorteil meines Geschicks. Aber gestern war ich eifersüchtig, und das werde ich nicht mehr sein. Gestern habe ich getrunken und geraucht, und ich werde nicht mehr trinken und rauchen.

Er erwartete einen Sohn. Er hatte schon den Namen Francesco für ihn ausgewählt, den Namen seines Vaters. An unserem ersten Hochzeitstag hatte er sich gewünscht, daß wir ein Foto machten, und nachdem er es gesehen hatte, schrieb er einige Seiten für mich mit dem Titel *Familienchronik. Mit der Niederschrift begonnen am 12. August 1897, 12 Uhr mittags.*

FAMILIENCHRONIK

Obgleich es nicht auf dieser Fotografie erscheint, ist auch das Baby dabei: Seinetwegen ist diese Balustrade da, die grandiose Idee des Fotografen. Natürlich, auch

wenn man sie weggenommen hätte, wäre das Baby genauso still gewesen, und der Fotograf hätte keinerlei
Schwierigkeiten gehabt, es zu fotografieren. Ja, dann
erschiene die Person, die es im Arm hält, als die, die sie
wirklich ist, nicht mehr so jugendlich ebenmäßig, wie es
das Gesicht vermuten läßt! Das Baby, fotografiert, aber
noch ohne Namen! Letizia oder Francesco heißt es, und
wir wissen noch nicht, welchen Namen wir bevorzugen,
denn wir haben beschlossen, dem Namen den Vorzug zu
geben, der kommt. Ich hätte es gern mit Hilfe der Röntgenstrahlen betrachtet, die man soeben erfunden hat,
aber die Mutter sträubte sich gegen eine solche Fotografie, und so mußte ich mit dieser völlig unzureichenden vorliebnehmen. Daher kann ich wenig über es
sagen, ja, nicht mehr, als die Fotografie selbst darüber
sagt. Es scheint von ungeduldigem Temperament zu
sein und schlägt in seinem kleinen Kerker mit heftigen
Bewegungen um sich, die auf einen Willen schließen
lassen könnten, der schon jetzt anders ist als der seiner
Mutter, die ihm gebieten möchte, sich stillzuhalten.
Meine Frau behauptet schon jetzt, seinen Charakter ein
wenig zu kennen, und richtet ihm das Bett her, die
Kleidchen, die Windeln, als ob man nicht Gefahr liefe,
seinen Geschmack zu verfehlen. Vor einiger Zeit sagte
sie, ich weiß nicht mehr in bezug auf welchen Gegenstand: »Ja, das gefällt den Babies!« Ich betrachtete den
Gegenstand, um zu sehen, ob an ihm etwas sei, das
seinen maßgeschneiderten Charakter für Babies erkennen lasse, aber ich konnte nichts entdecken. Ich fand
mich damit ab, den fraglichen Gegenstand zu kaufen,
einen Stuhl, auf dem das Baby in meinem Alter bestimmt nicht sitzen können wird, und dachte dabei: Die
Frauen, die die Babies machen, müssen sie schließlich
kennen.

Die offenkundig blonde Frau, die die Ehre hat, an meiner Seite fotografiert zu sein, hieß Livia Fausta Veneziani und ist jetzt, seit genau einem Jahr, meine Gattin. Ich muß sagen, es erstaunt mich, wie sie beschaffen ist. Sie nimmt alles ernst: die Köchin Maria, den Gatten und das Leben. Die Köchin Maria hat unter allen Gesichtspunkten unrecht: Indessen mögen wir sie lieber als sie uns. Sie ist unsere erste Köchin, die Urheberin jener Mahlzeiten, die immer kalt wurden, weil wir, anstatt zu essen, herumliefen, um die neue Wohnung anzuschauen und all die anderen neuen Dinge. Für sie dagegen sind wir die zehnten Herrschaften, und es liegt ihr an uns nicht mehr als an den neun vorangegangenen. Sie hängt am Land wie eine Katze am Haus. Doch sie weiß, daß sie nach uns wieder Leute auf dem Land zum Bedienen finden wird. Sie ist respektvoll – bis zu einem gewissen Grad, sie ißt das ganze Brot auf, das sie im Haus findet, und sie würde auch den Wein trinken, wenn sie ihn fände; ja, am liebsten würde sie nur von Brot leben, denn sie mag kein Fleisch. Mehr kann ich nicht über sie sagen, und im übrigen ist sie gar nicht auf der Fotografie, nicht einmal hinter der Balustrade. Auch noch nach einem Jahr nimmt meine Frau ihren Gatten ernst: Zum Teufel auch! Den Vater ihrer Kinder! Und sämtliche Grade der Verwandtschaft nimmt sie ernst! Die Mutter ist diejenige, der wir das Leben verdanken, desgleichen der Vater, und in ihm steckt außerdem der Herr über die Mama und alles, was uns umgibt. Sie zweifelt nicht daran, ja, ich glaube, daß sie in dieser Beziehung noch nicht bis zur Französischen Revolution gelangt ist und sich über eine *lettre de cachet*, ausgestellt von der väterlichen Obrigkeit und vom König bestätigt, nicht sonderlich entrüsten würde. Der König schließlich! Welche Ehre, auf Befehl des Königs eingesperrt zu werden! Sie

grüßt als erste das Oberhaupt der Gemeinde und das
Oberhaupt der Diözese, und wenn diese ihr nicht dafür
danken, macht das nichts, denn es ist die Obrigkeit, die
man grüßt, und die Personen, die sie repräsentieren,
haben uns gegenüber wirklich keine andere Pflicht, als
sie zu repräsentieren. Die Welt ist also eine schöne und
gute ideologische Konstruktion, wo jeder seinen Platz
hat und den seinem Platz entsprechenden Respekt verdient und den anderen Plätzen Respekt schuldet. Sozio-
logisch gesehen ist meine Frau keine Evolutionistin,
denn natürlich verändern sich die Personen, aber die
Plätze bleiben. Und es gibt keinen echten Gesellschafts-
vertrag. Die Plätze sind entstanden, und die Personen
sind entstanden, die sie einnehmen.
Nach alldem versteht man, wie meine Frau auch das
Leben ernst nimmt. Sie nahm ihre Plätze einen nach
dem anderen mit großem Ernst ein. Ich glaube, daß sie
schon als Baby eine gewisse Würde besaß. Es versteht
sich, daß die Beschäftigung des Babys darin bestand zu
saugen, nachts zu schreien und krank zu werden. Die
Pflichten kamen erst später, und soviel ich weiß, lernte
meine Frau schon als ganz kleines Mädchen, zwischen
den Kleidern fürs Haus und denen für draußen zu un-
terscheiden und in den Hauskleidern nicht einmal bis
zum Gartentor zu gehen oder beim Heimkommen keinen einzigen Augenblick zu zögern, die Straßenkleider
abzulegen.
Ich glaube tatsächlich, daß dieses ernste Leben streng in
verschiedene Perioden unterteilt war, von denen jede
ihre Freuden und ihre Leiden mit sich brachte. Wenn sie
jemanden sieht, der jünger ist als sie, erinnert sie sich
jedenfalls sofort daran, wie jene Periode für sie gewesen
war. Daraus gewinnt sie ein großes, sehr erfreuliches
Gerechtigkeitsgefühl: Auch sie hat in jenem Alter Ver-

gnügen daran gehabt, den Wünschen, und mochten sie
noch so gerechtfertigt sein, derer, die ihr etwas befah-
len, zuwiderzuhandeln, Dinge kaputt zu machen, um zu
sehen, wie sie innen aussahen, zu springen, zu tanzen
und zu schreien, während ich mich nicht erinnere, jemals unvernünftig gewesen zu sein, oder wenn ich es
gewesen bin, gebe ich, da ich mich jeden Tag als ein
neues Tier betrachte, zumindest nicht zu, mich an meine
vergangenen Verfehlungen zu erinnern und sie zu recht-
fertigen. Das Tier jenes Tages hätte bestraft werden
müssen, und meine gegenwärtigen unvernünftigen Tiere möchte ich selbst bestrafen. »Als ich so war . . .« sagt
sie oftmals, nie mit Bedauern. Wieder etwas, das ich
nicht verstehe, dieser Mangel an Bedauern für die Vergangenheit. Ich muß annehmen, daß sie der Gegenwart
so viel Gerechtigkeit erweist, daß sie sie, ohne übertrie-
bene Begeisterung, neben die Vergangenheit stellt und
beide als gleichwertig betrachtet. Es könnte als Gleichgültigkeit erscheinen, doch da ich sie kenne, stelle ich
fest, daß es sich um eine absolute und unerklärliche
Lebensfreude handelt. Ich bin manchmal erschrocken,
wenn ich sehe, welche Freude sie an den existierenden
Dingen hat, genauer gesagt an den Dingen, die sie besitzt. Welche Fähigkeit zum Glück und zum Unglück!
Mir flößt der ewige Zweifel nicht nur über Sein oder
Nichtsein, sondern auch über Mein und Dein so viel
tödliche Gleichgültigkeit ein, daß mich alles, was mir
geschehen kann, traurig zu stimmen, zu reizen, auch
zum Weinen zu bringen, aber nicht zu erstaunen vermag! Was ist im Grunde schon erstaunlich? Es mag
Steine regnen, und sie werden von den Sternen gefallen
sein; die Erde mag sich auftun, und wir wüßten bereits,
daß drinnen Feuer ist; die ganze Menschheit bekehre
sich und setze sich nur aus Heiligen oder aus Mördern

zusammen, und wir wüßten, daß sie so werden konnte, weil ein Teil von ihr immer schon so war. Sie dagegen hört jeden Tag neue Dinge, die sie erstaunen und nachdenklich machen. Keine Zweifel, ach wo! Für die ist kein Platz. Das Gebet zur rechten Zeit wird dort oben gehört; sehr oft wird es zwar nicht erhört, aber dann hat der Mensch wenigstens das gute Gewissen, alles getan zu haben, was er sollte, und kann ruhig sein.

So beschaffen, leben wir miteinander, und das ist noch erstaunlicher. Denn entschuldigt! Ich, geschaffen für die Rebellion, für die Gleichgültigkeit, für die Korruption, immer das Augenmerk auf das gerichtet, was sein könnte, und nie dem gehorsam, was ist, heiratete in der Überzeugung, es gehe um ein völlig neues soziologisches Experiment, die Vereinigung von zwei Gleichen, verbunden durch eine Neigung, die auch nur momentan gewesen sein konnte, eine Verbindung, aus der die Eifersucht durch das Wissen verbannt sein sollte, das heißt die Ergebung in die Dinge und die bestehenden Gefühle, eine Verbindung, die keinem von beiden eine Veränderung aufzwang, denn im Grunde braucht man, um miteinander zu leben, sich nicht ähnlich zu sein! Ich heiratete in der Gewißheit, daß, wenn sich einer von beiden ändern müsse, nicht ich es sein würde! Vielmehr wollte ich meine Frau ein wenig ändern, in dem Sinn, ihr die Freiheit zu geben und sie zu lehren, sich selbst kennenzulernen. Ich besorgte mir einige Bücher von Schopenhauer, Marx, Bebel (*Die Frau*) und nahm mir vor, sie ihr nicht aufzudrängen, sondern ganz allmählich unterzuschieben. Statt dessen ist aus unserer Beziehung die Literatur, zumindest die, an der mir besonders lag, verschwunden. Ein einziges Mal wurde über meine Ideen diskutiert, und das in bezug auf Heine. Zum Teufel mit diesem Romantiker, den ich einmal in meinem Leben, in der Hitze des Gesprächs, zu meinem Gott ausrufen mußte! Danach ließ man mir meine Ideen, und mit äußerst geschickter, zuckersüßer Politik vermied man es, mich zu beunruhigen, indem man darüber redete. Denn für diese Bourgeoisie ist es das wichtigste, mit allen in Frieden und Eintracht zu leben und die eigenen Ideen für sich in dem kleinen, durch so viel Haar geschützten Kopf zu behalten; ihr liegt nichts daran zu überzeugen. Wir dagegen sind alle Apostel irgendeiner Idee oder des *Nichts*!

Das muß ich ihr lassen, und während ich es sage, weiß ich nicht, ob ich Bewunderung oder Zorn empfinde! Sie hat niemanden überzeugt, aber mein Haus gleicht mehr ihr als mir. Es herrscht darin eine große Ordnung, da und dort ein schöner Gegenstand, an dem sie ihre besondere Freude hat und ich natürlich mit ihr; manchmal wird irgendein Opfer gebracht, um sich einen Gegenstand anzuschaffen, nach dem man ein Bedürfnis fühlte, und sei es auch nur, um ihn an die Stelle eines anderen zu setzen, der seine Aufgabe zwar vorzüglich erfüllte, aber nicht sehr schön aussah. Ich stimme zu, aber ich tue auch Schlimmeres: Ich diskutiere oder lehne sogar ab. Vor ein paar Tagen hatte ich diesen prächtigen Einfall: Sie sprach davon, Gasöfen installieren zu lassen. Man muß wissen, daß das Gas bei uns soviel kostet, als würde es aus Gold statt aus Kohle gewonnen. Ich erinnerte an die Maximen einer guten Hausfrau, die ich, wenn ich nicht irre, von ihr gelernt haben muß, und verweigerte meine Zustimmung. Es ist ohne Zweifel ein großes Vergnügen, etwas zu verweigern, so als absoluter Herr und Gebieter zu handeln, und ich war höchst erstaunt, als ich merkte, daß meine Weigerung, die um eines interessanten Experimentes willen abgegeben worden war, ernst genommen wurde. Daher kamen mir Zweifel, und als guter Herr des

Hauses beschäftige ich mich jetzt damit, ob es nicht gün-
stig wäre, Gasöfen im Haus zu installieren. Nun bin ich
also wirklich der Herr des Hauses.

Kurz, meine Frau, meine Schwiegereltern, die Cousinen, die Vettern sagen, ich sei ein guter Ehemann, und
das schlimmste ist, daß ich, wenn sie mir das sagen,
nicht in Zorn gerate.

Im Morgengrauen des 20. September 1897 kam ohne Kom-
plikationen unsere Tochter zur Welt, mit schwarzen Augen
und Haaren wie ihr Vater. Wir nannten sie Letizia im Gedenken an Ettores Mutter, welche den Namen Allegra getragen hatte, Fausta zu Ehren meiner Schwester, die die Patin
wurde, und Pia in Erinnerung an den 20. September, ein
heiliges Datum für uns Irredentisten.

Nach der Geburt verschlechterte sich mein Zustand plötz-
lich. Zu jener Zeit hatte es in der Stadt viele Todesfälle wegen
Kindbettfieber gegeben. Die Familie war verzweifelt vor
Angst. Ich mußte vierzig Tage lang das Bett hüten, und in der
Zwischenzeit starb die jüngere Schwester Ettores, die liebe
Ortensia, an einem plötzlichen Anfall von Bauchfellentzün-
dung. Diese Tatsache wurde mir verheimlicht, um meine
Genesung nicht zu behindern. Auch Ettore verbarg seinen
Schmerz. Bevor er mein Zimmer betrat, tauschte er die
schwarze Krawatte gegen eine bunte aus. Eines Tages vergaß
er dies, und auf meine Bemerkung über jene Trauerkrawatte
erwiderte er geistesgegenwärtig, daß er die rote mit Tinte
befleckt und daher eine neue Krawatte gekauft hätte. So
wurden auch seine Vaterfreuden von der Sorge über meine
Krankheit und der Trauer um seine Schwester überschattet.
Aber er schrieb nieder:

»Man begreift das Leben nicht, wenn es nicht mit großem Kummer oder mit großer Freude einhergeht.«

Das Mädchen entwickelte sich prächtig, und die väterliche Zärtlichkeit erhellte Ettores Herz. Diese Freude erkennt man an einer Reihe von Briefen, welche er mir 1899 während meines Kuraufenthaltes in Salsomaggiore schrieb. Es war das erste Mal, daß ich mich von meiner Familie trennte. Ich überließ die Kleine der Obhut meiner Schwester Nella, welche mit drei Kindern, Vela, Olga und Nico, aus Bulgarien zurückgekehrt war und bei mir wohnte. Ihr Mann, der seine Arbeit als Ingenieur aufgegeben und die Heimat verlassen hatte, war als technischer Leiter in die Fabrik eingetreten, um meinem Vater zu helfen.

> Morgens lasse ich mir den Kaffee und Titina ans Bett bringen. Ich trinke ersteren und bringe letztere zum Weinen. Abends schaue ich nach Titina, wenn sie in ihrem Bett liegt, und zwar besser als Du, weil ich sie nicht aufwecke.
>
> Titina ist sehr brav. Schon jetzt nennt sie Nella Mama und Dich »Caccella«. Wenn man sie fragt, wo die Mama ist, sagt sie: »N'zo pupù cior bmbm te Titina«; und das genügt dieser Egoistin. Hauptsache, sie wird während Deiner Abwesenheit nicht verzogen. Wenn sie mich sieht, tut sie so, als würde sie sich freuen, aber ich glaube es nicht.

Er schrieb mir mit Humor den Tagesablauf des Mädchens, das er eingehend beobachtete.

> Titina geht es sehr gut. Ich will diesen Satz, der – hoffen wir – immer stereotyp bleiben wird, nie vergessen. Gestern beschmutzte sie sich mit einer gewissen gelben Flüssigkeit aus eigener Produktion. Von gestern bis heute war ich alles in allem eine Stunde mit ihr beisammen, und in dieser einen Stunde lieferte sie mir Proben

ihrer guten Erziehung und ihres inhibitorischen Ner-
vensystems. Nella schimpfte sie aus, und sie sagte ihr
ungerührt ins Gesicht: »Böse Mama.« Zu alldem greift
sie Vela, Olga und Nico an. Sie schlägt auf sie ein, kratzt
sie und treibt sie in die Flucht, daß es einem wie ein Witz
vorkommt, wenn man dabei zusieht. Der kleine Kör-
per, der sich erst seit kurzem allein aufrecht halten kann,
versucht bereits, die anderen niederzuwerfen. Ich habe
Nella gebeten, ihr hin und wieder ein paar Klapse zu
verabreichen, aber Nella will davon nichts hören. Mar-
co schaut zu und rührt sich nicht, aber ich merke, daß es
ihm – wie mir – in den Händen juckt. Doch auch ich
rühre mich nicht. Ich betrachte diesen meinen ungera-
tenen Sprößling und bin mir nicht schlüssig, ob ich ihn
zurechtbiegen oder so lassen soll, heranwachsen zu einem *flagellum Dei*, gefährlicher für die anderen als für
sich selbst. Und so kommt es, daß Titina sich zur Herrin
über sich und die anderen entwickelt, und zwar ganz
anders, als ich es mir vorgestellt hatte. Sie verteilt Küsse, wenn es sie nach etwas verlangt, sie verweigert sie,
wenn sie nichts braucht. Viermal in einer Minute, in
einer Sekunde will sie etwas, verwundert, daß niemand
herbeistürzt, um ihr zu helfen und sie zu bedienen. Ach
was! Du hältst ihr etwas hin, und sofort sagt sie viermal
»ja«, in süßer Modulation, die einem eindeutigen, her-
rischen Befehl gleichkommt. Und »danke«? Das sagt sie
auch, ungefähr sogar dann, wenn man es erwartet, aber
auf eine Art, die bedeutet: Scher dich zum Teufel. Sobald sie im Bett liegt, wird es ruhig im Haus. Die Vögel
wagen sich erst jetzt auf den Kastanienbaum, Tyras bewegt sich freier, Pronto verfällt in leichten Trab, und die
Kinder, die noch auf sind, spielen mit weniger Angst.
Nella bekommt wieder etwas Farbe. Nebenan in der
Küche haben die Dienstmädchen hellere Stimmen und

erzählen sich von den harten Strapazen des Tages. Bezzina, dem von Titinas Hand jeden Tag ein paar Haare
ausgerissen werden, erkundigt sich furchtsam: »Ist sie
im Bett?« Und ich: »Wer?« Und er: »Die Schöne?« Was
dieses *die Schöne* bedeuten soll, kann ich Dir nicht genau
sagen. So, ungefähr so, sprachen die antiken Völker von
der Gemahlin Attilas, die − wenn es sie wirklich gegeben hat − zum Mittagessen einen Teller Kindernasenspitzen mit Parmesan darüber zu verzehren pflegte.
Heute früh verlangte ich einen Kuß von Titina. Sie
wollte ihn mir nicht geben. Na gut, ich werde mich
rächen, dachte ich. Dieser Brief ist meine Rache.

Als ich das zweite Jahr zur Kur fuhr, nahm ich das Kind mit.
Zum ersten Mal ließen wir Ettore allein; er schrieb mir jeden
Tag. Der Gemütszustand der Kleinen interessierte ihn sehr:
»Es amüsiert mich sehr, daß Titina mit den Klapsen, die
Du ihr gibst, nicht zufrieden ist und daß sie sich jeden
Tag mehr nach meinen sehnt. Lieb, meine Titina. Wie sie
doch am besten von Euch allen verstanden hat, daß
meine Klapse süßer sind als Eure Liebkosungen, und
nicht ohne mich sein will, wo ich doch immer gesagt
habe, daß Du eine Schwalbe bist, die ein Kuckucksei
ausgebrütet hat, und daß es zwischen Dir und Titina
wenig Gemeinsamkeiten gibt. Sie ist meine Tochter,
und Du bleibst Ehefrau, aber nicht ihre Mutter. Sag' ihr
das, und ich wette, daß sie nicht mehr protestiert.«

In den Briefen näherten sich unsere Seelen einander noch
mehr.

Triest, den 17. Juni 1900
Meine liebe, meine gute, meine süße Blonde, ich erhebe
mich soeben vom Bett, völlig ausgeruht nach einem
langen Schlaf. Ich habe geträumt, Du seist tot und lägst

im Sarg auf meinem Bett. Du kannst Dir gar nicht vorstellen, welches Glück ich heute morgen empfand, als
ich die schöne Sonne wiederentdeckte und die Überzeugung, ja die Gewißheit, daß Du zwar in Salsomaggiore
bist, aber am Leben. Der Traum muß ganz kurz gewesen sein. Nur einen Augenblick. Der Sarg war dunkel
und Du darin ganz hell. Im Zimmer war niemand außer
Dir – tot und regungslos, die Augen geschlossen und
den Mund zusammengepreßt in einem Ausdruck von
Störrigkeit –, Deiner Mutter, die hin und her lief (nicht
einmal im Traum kann sie sich stillhalten) und Blumen
brachte, um Dich zu schmücken, und mir, der ich nachdenklich damit beschäftigt war, Deine Physiognomie zu
studieren, in der ich einen deutlichen Zug von Vorwurf
entdeckte, einen Vorwurf, glaube ich, weil ich in das
Leben, das Du mir anvertraut hattest, nicht genügend
Freude zu bringen wußte. Deine Mutter arbeitete mit
der ihr eigenen Eile, wie im Büro. Sie wurde nicht
müde, Deine langen Haare wie einen goldenen Fluß um
Deine würdevolle Person zu drapieren. Ich dachte:
Wozu das? Sie dagegen erfreute sich an Dir, als ob Du
noch lebtest. Ich erwachte und war glücklich, die Überzeugung, die Hoffnung wiederzufinden, vor Dir sterben zu können. Noch immer erfüllt mich eine süße
Rührung und der Wunsch, sie auch Dich empfinden zu
lassen. Ich bin allein im Haus, und der Nachmittag soll
ganz unserem Postverkehr vorbehalten bleiben. Obwohl es Sonntag ist, wollte ich nicht ausgehen, nur um
Dir schreiben zu können. Ich glaube, ich habe Dich mir
schon andere Male tot vorgestellt. Du weißt, wie mich
der Gedanke an den Tod immer begleitet. Noch nie
jedoch mit einer solchen Deutlichkeit. Ich genieße jetzt
den Traum, wie alles, was mir die Freude, Dich zu besitzen, deutlicher werden läßt . . .

Du weißt gar nicht, zu wie vielen Opfern ich fähig wäre, um Dir einen Schmerz zu ersparen. Du kannst es auch nicht wissen, weil ich umgekehrt, wenn in meiner Physis der eifersüchtige Ehemann triumphiert, den Wunsch verspüre, Dich zu zerschmettern. Der Ehemann ist also Dein Feind. Der Ehemann, der Dir auf der einen Seite nicht all das gibt, was er sollte, und Dir auf der anderen die kleinste Befriedigung zu nehmen versucht, die Dir aus Deiner Schönheit erwachsen könnte. Alles in allem bin ich ein kleiner neurotischer Delinquent, und ich fühle mich darüber zuweilen wesentlich unglücklicher, als Du glauben magst. Ich möchte bei Deiner Rückkehr soweit sein, mich in der Gewalt zu haben. Allerdings hoffe ich nicht, und hoffe Du das auch nicht, in Sachen Eifersucht.

Der Satz ist mir herausgerutscht, denn es war genau in dieser Beziehung, in der ich mich in der Gewalt haben wollte. Es ist unmöglich. Es sind genau jene oben genannten kleinen Befriedigungen, die ich Dir auf Grund meines und Deines Schicksals nehmen muß. Aber empfange dafür ein formelles Versprechen von mir. Ich nehme Dir zwar die kleinen Befriedigungen der Eitelkeit, auf welche die Mutter Titinas unschwer verzichtet, aber ich verspreche Dir dafür in aller Form, daß, wenn sich Dir im Leben die Möglichkeit eines großen Glücks bieten sollte, eines von denen, die für eine junge Frau das Leben, die Seelenruhe, die Tugend, das Gewissen, kurz, alles aufwiegen könnte, ich bereit wäre, nach einem klaren Geständnis von Dir (Du weißt, daß ich alles zulasse, außer der Lüge) so zu handeln, daß Du Dir dieses Glück verschaffen könntest.

Nachdem ich Dir diese Erklärung gemacht habe, durch die Du Dich freier fühlen solltest, dünkt es mich, als hätte ich ein ruhigeres Gewissen. Im Grunde nehme ich

Dir zwar die Möglichkeit, mit Deinem und meinem
Leben zu scherzen, aber ich verbiete Dir nicht, ganz auf
unser Leben zu verzichten für etwas, das Deiner Ansicht nach der Mühe wert ist. Ein Geständnis von Dir
würde von mir vielmehr wie von einem Vater aufgenommen werden, und wir würden gemeinsam die Umstände untersuchen, immer mit dem Ziel, Dir so wenig
Leiden wie möglich zu bereiten. Kein einziges dummes
Wort des Vorwurfs. Mir scheint, daß so und nur so unsere Verbindung als eine freie sozialistische Verbindung
betrachtet werden kann. Laß Dich nicht beeindrucken
von meinen Äußerungen kleinlicher Eifersucht. Sie
wird immer kleine Ursachen haben. Ich versichere Dir
jedoch bei allem, was mir lieb ist, daß Du keinen einzigen Vorwurf hinnehmen müßtest für die offene und
ehrliche Mitteilung einer Sache, in der es nicht um Deine Eitelkeit, sondern um Dein Glück ginge. Ich prüfe
mein Gewissen und weiß, daß ich in aller Gelassenheit
und aus dem Grund meiner wahren Überzeugung gesprochen habe.

                    Salso, den 19. Juni 1900, zwei Uhr mittags
Mein sehr Geliebter,
Dein Brief vom Sonntag morgen drückt die tiefste und sü-
ßeste Liebe aus, und ich bin sehr stolz und glücklich über ihn,
aber er zeigt auch eine strenge Philosophie.
Du hast ohne Zweifel alle Qualitäten, um ein guter Bruder zu
sein, aber Du bist auch ein sehr guter Ehemann. Glaube mir,
mein Geliebter, daß ich nie so sehr unter Deiner Eifersucht
gelitten habe, wie ich Deine süße Güte genossen habe. Ich
bin Dir aus tiefster Seele dankbar, und ich segne Dich tausendmal, Gott dankend.
Die Freiheit, die Du mir so großzügig zugestehst, verweigere

ich absolut. Ich bin durch sehr starke und sehr süße Bande an
Dich gebunden, die künftig nichts zerstören könnte, ich habe
mich Dir freiwillig aus Liebe geschenkt, und ich werde mich
nie zurückfordern. Ich danke Dir für alles, was Du mir gegeben hast und von dem Du glaubst, daß es so ist: für diese
glühende Liebe, die Deine Eifersucht mir beweist, für die
brüderliche Zuneigung, die Du mir anbietest, für Deine süße
und starke Freundschaft, die uns verbindet und die nie vergehen wird und auf die ich mich stütze, weil sie mich für
immer beschützt. Denken wir nicht mehr daran, wer von uns
beiden zuerst sterben wird; hoffen wir, gemeinsam zu sterben, um diesen großen Schmerz nicht erleben zu müssen.
Meine Schönheit, wenn sie wirklich existiert, und meine
Jugend gehören Dir; erfreue Dich völlig an ihnen, mit Vertrauen. Das ist nicht nur die Mutter von Letizia, sondern
Deine Frau, mein Geliebter, die gern auf die kleinen Genug-
tuungen der Eitelkeit verzichtet. Wenn ich schön bin, will ich
es für Dich sein, nur für Dich. Auch ich, mein Geliebter, will
mein Möglichstes tun, um Dir jede Gram, jede Sorge zu ersparen. Schließlich liebe ich Dich und lehne die Freiheit ab,
die Du mir schenkst. Glaube mir, daß all die süße Erregung
in Deinem Brief, die Du empfindest, mein Herz ergriffen hat
und daß ich Dir noch näher bin.
Auf Wiedersehen, mein ach so geliebter Mann, mein guter
Bruder, mein süßer Freund, ich küsse Dich so fest ich es
vermag, völlig gerührt, und ich möchte Dir tausendmal mehr
Glückseligkeit schenken, als ich kann.
Dein für immer,

Deine treue Livia

Im Jahre 1899 schrieb Veruda aus Wien an Ettore:

Lieber Ettore,
mit großer Freude erfahre ich, daß Du dabei bist, Deine
momentane Lage zu verändern. Aber ich versichere
Dir, daß ich trotz meiner eher einzigartigen denn seltenen Intelligenz nicht verstehe, worum es sich handeln
könnte. Ich verstehe, daß es aus finanzieller Sicht gesehen das Beste wäre, wenn Du die Arbeit bei der Bank
aufgeben und Dich ganz der Literatur widmen würdest,
und ich glaube, daß dies auch Deine Absicht ist; selbst-
verständlich befürworte ich diese Idee mit Begeisterung
und glaube, daß auch Livia die dritte sein wird, die diese
unsere Idee sehr begrüßen wird.
Ich dagegen beharre hier auf der Ansicht, daß, wenn
ich nicht geboren worden wäre, viele Menschen, die
sich heute dank meiner glücklich nennen dürfen, sich
nicht damit rühmen könnten, von mir porträtiert zu
werden oder ein von mir gemaltes Porträt zu besitzen.
Ich hoffe, diese Zeilen zeigen Dir, daß ich ganz schön
sp...
Der Erfolg hier ist bisher eine sehr ruhige Angelegenheit, sehr ruhig, denn niemand spricht über ihn, aber
finanziell ist die Lage so gut, wie es mir bisher noch nie
passiert ist; nun also lieber Ettore, nachdem ich Dir
Auskünfte über das Leben in Wien gegeben habe, ver-
abschiede ich mich von Dir; bei welchem Kapitel bist
Du angelangt? Wann wirst Du drucken? Gefällt Dir
Deine Kleine? Ihr anderen Unglückskinder, die Ihr an

einem unschicklichen Ort lebt, der aus reinem Zufall
meine Heimat war und ist, erhaltet meine allerherzlich-
sten Grüße, ciao   Veruda

Das Jahr 1899 brachte eine große Wende in Ettores Leben.
Auf den Wunsch meiner Eltern hin verließ er die Bank und
trat in die Firma Veneziani ein. Das Gehalt von dreihundert
Florin monatlich gab ihm endlich die finanzielle Unabhän-
gigkeit, auf die er sehr viel Wert legte, um sich von der
Sklavenarbeit zu befreien, wie er immer sagte. Erleichtert
gab er auch alle anderen Beschäftigungen auf und widmete
sich völlig der neuen Arbeit, wobei er seinen Tag zwischen
der Fabrik und dem Büro teilte. Er stand um sechs Uhr
dreißig auf, um sieben Uhr ging er in die Fabrik, um zwölf
Uhr kam er zum Mittagessen heim. Nach dem Essen gestat-
tete er sich zwei Stunden Pause im Schoß der Familie. Ein
guter Sessel und eine gute Zigarre waren seine einzigen Wünsche. Die Abende verbrachten wir oft im Theater, für das er
sich sehr begeisterte. Wir waren regelmäßige Besucher der
Oper und der Theatervorstellungen im Teatro Verdi. Die
neue Tätigkeit befriedigte ihn sehr, weil sie ihn mit den Arbeitern der Fabriken in Triest und Murano in Kontakt
brachte, bei denen er mit Vorliebe viele Stunden verbrachte,
und weil sie ihn von der Passivität und der Langeweile der
Bankarbeit befreite. Die Literatur war beiseite geschoben,
aber nicht verleugnet. Auf einem seiner üblichen Blätter, die
dem ständigen Fluß seiner Gedanken Form gaben, analysierte er noch in diesem Jahr die Methode seiner literarischen
Arbeit. Diese beunruhigte ihn noch, ja, er bestätigte sogar die
Notwendigkeit, sie immer weiter zu vertiefen.
Wer Schriftsteller sein will, muß sich Tag für Tag mit ständigen Übungen vervollkommnen, dies war seine Überzeugung:

2. 10. 1899

Ich glaube, glaube aufrichtig, daß es kein besseres Mittel gibt, um eines Tages richtig schreiben zu können, als täglich etwas hinzukritzeln. Man muß versuchen, jeden Tag aus der Tiefe des eigenen Wesens einen Klang an die Oberfläche zu bringen, einen Akzent, ein fossiles oder pflanzliches Überbleibsel von etwas, das reiner Gedanke sein mag oder nicht, Empfindung oder nicht, doch zunächst etwas Wunderliches ist, ein Bedauern, ein Schmerz, etwas Aufrichtiges, das man seziert – und sonst nichts. Andernfalls verfällt man leicht in Gemeinplätze – dann, wenn man glaubt, berechtigt zu sein, die Feder zu ergreifen –, oder man kommt von der richtigen Stelle ab, die nicht genügend untersucht wurde. Kurzum, außerhalb der Feder gibt es kein Heil. Wer glaubt, einen Roman verfertigen zu können, indem er eine halbe Seite pro Tag daran schreibt und sonst nichts, täuscht sich gründlich. Aber ansonsten werden diese Sätze, die unter dem Eindruck eines bestimmten Augenblicks, der Wärme des Himmels, des Klangs einer menschlichen Stimme geschrieben werden, niemals mehr darstellen als das, was sie sind: ganz und gar aufrichtige Sätze, die jedoch einen allzu unmittelbaren und allzu heftigen Eindruck wiedergeben. Man darf nicht glauben, daß man mit solchen Blättern etwas Größeres zusammenstoppeln kann. Napoleon pflegte das, was er nicht vergessen wollte, auf einen Zettel zu schreiben, den er anschließend zerriß. Zerreißt auch ihr eure Zettel, o ihr literarischen Ameisen! Laßt euren Einfall auf dem grafischen Zeichen ruhen, mit dem ihr einmal einen Begriff festgehalten habt, damit er sich damit beschäftige und nach Belieben einen Teil davon oder alles abändere, aber laßt nicht zu, daß dieses erste unreife Aufflackern eines Gedankens sich sofort festsetzt und jegliche Weiterentwicklung dieses Gedankens verhindert.

Mit mir sprach er nie, weder über das, was ihn quälte, noch über das, was ihn unaufhörlich beschäftigte, als ob er mich von vornherein fernhalten wollte von seiner peinigenden und geheimen Welt, von der ich zu jener Zeit nicht die geringste Ahnung hatte. Er offenbarte mir nur die heitere Seite seines Gemüts. Er wollte, daß ich immer glücklich bliebe, einfach, ohne innere Schwierigkeiten, fast so, als wolle er Kraft schöpfen aus dieser meiner Art des Seins.
Aber das Arbeitsleben, in das er eingespannt war, schränkte die Zeit, die er der künstlerischen Bildung und dem Nachdenken widmete, zusehends ein. Vor dem Schriftsteller gewann der Industrielle immer mehr die Oberhand. Und es kam der Tag, an dem er der Literatur endgültig Lebewohl sagte. Dieser Abschied, Ergebnis, wie er sagte, einer unumstößlichen Entscheidung, kostete ihn großes Leid, das er vor allen zu verbergen suchte.
Drei Jahre später schien der Verzicht auf seine Neigung schon entgültig. Er glaubte, sich völlig von der Literatur gelöst zu haben, aber trotzdem schrieb er noch und rechtfertigte diese seine Schreiberei mit der Vertiefung des eigenen Lebens:

> Dezember 1902. Ich führe dieses Tagebuch über mein Leben in den letzten Jahren, ohne mir auch nur im geringsten vorzunehmen, es zu veröffentlichen. Ich habe nun endgültig diese lächerliche und schädliche Sache, die sich Literatur nennt, aus meinem Leben ausgemerzt. Ich möchte mich mit Hilfe dieser Notizen nur besser verstehen lernen. Meine Angewohnheit – und die aller Unfähigen –, nur mit der Feder in der Hand denken zu können (als wäre der Gedanke nicht nützlicher und not-

wendiger im Augenblick der Tat), zwingt mich zu
diesem Opfer. Nun wird mir also noch einmal die Feder,
dieses grobe und unbeholfene Instrument, dazu verhel-
fen, auf den komplexen Grund meines Wesens zu gelangen. Dann werde ich sie für immer wegwerfen und
mich daran gewöhnen lernen, direkt aus der Perspektive
der Tat zu denken: im Laufen, vor einem Feind flüch-
tend oder ihn verfolgend, die Faust zum Schlag oder zur
Abwehr erhoben.

Um der Schreibversuchung nicht nachzugeben, widmete er
sich mit Ausdauer dem Geigenspiel. Das Instrument war ihm
ein unentbehrlicher und unersetzlicher Kamerad geworden,
es lenkte ihn ab und, wie er in einer seiner Notizen zugab, es
bewahrte ihn vor der Literatur.
Ein neues Element begann plötzlich, sein Leben zu bewegen,
seine Horizonte zu erweitern, heimlich den Künstler zu näh-
ren, der, wenn auch versteckt, in ihm lebendig war: die
Reisen. Die Firma hatte ausgedehnte Geschäftsbeziehungen
in Österreich, in Italien, in Frankreich und in England, und
für die geschäftlichen Belange mußte er durch Europa reisen
und längere Zeit im Ausland verbringen. Seine erste wichtige
Reise unternahm Ettore im Juni 1901. Er reiste nach Toulon
und von dort aus nach London. Er nahm seine Geige mit,
und in der Einsamkeit der Metropole beschäftigte er sich für
Stunden mit den Übungen und Studien:

. . . im Geigenspiel fand ich eine Befriedigung, welche
allein mich zwanzig Jahre lang an dieses fesseln konnte.
Es gelang mir, in Triest ein Amateurquartett zu organi-
sieren, mit einem erstklassigen Cellospieler, die erste
Geige war ein hervorragender Lektor, die Bratsche ein
Musiker mit Niveau. Es bestand große Freundschaft
zwischen den Quartettisten, und wenn ich schlecht

spielte, so daß das ganze Quartett wie eine Schlangen-
versammlung kreischte, sah keiner mich an. Ich
krümmte mich über mir selbst zusammen, und wie eine
echte Schlange suchte ich meinen Schwanz, um die Zäh-
ne hineinzuhauen und mich zu strafen. Eine schöne
Sache, die Freundschaft.

Die Freiheit und die Neuheit des Reisens bewegten etwas in
seinem Innersten, denn schon in einem Brief aus Toulon erzählte er mir von seiner Absicht, in seinen freien Stunden, in
denen er nicht die Docks oder die Vertreter der ausländischen
Marinen besuchte, ein »leichtes Lustspiel« in einem Akt zu
schreiben. Vielleicht war damals die Komödie *Ein Ehemann*
im Entstehen, die nach dem Wort »Ende« das Datum »14.
Juni 1903« trägt. Aber *Ein Ehemann* ist kein Einakter: es ist
sein wichtigstes Theaterstück, ein Drama in drei Akten, das
die umfassende Handlung eines Romans beinhaltet. Die
Komödie wurde 1931 von der Zeitung ›Il Convegno‹ veröffentlicht.
Nachdem er sich zwei Wochen in London aufhielt, mußte
ich ihm nachreisen, denn allein fühlte er sich verloren, und
er brauchte Wärme und Ruhe. Die Schwierigkeiten, denen
er wegen seiner schlechten Englischkenntnisse auf Schritt
und Tritt begegnete, bedrückten ihn. Wir unterbrachen den
Aufenthalt in London für eine Reise durch Irland, das ihn
wegen der wilden Schönheit seiner Landschaft verzauberte.
Eine unvergeßliche Erinnerung für mich ist unser Aufenthalt in Queenstown im August 1901. Von der Terrasse des
Hotels sah man in der Ferne das Blau des Atlantischen Oze-
ans, ein so tiefes Blau wie das des Mittelmeeres, welches
mich erstaunte. Ettore begab sich nach Carrigoloo, um den
Anstrich der Jacht von Lord Muskerry zu überwachen. Ich
begleitete ihn zu der kleinen Werft und machte am Haus des
Wächters halt: ein kleines Gebäude, über und über mit Fuch-

sien in allen Farben bedeckt. Die hellblonde Tochter des
Wächters kam aus dem Haus, ein kleines Lamm in den Armen haltend, das sie ins Meerwasser tauchte. Auch Ettore
war heiter und von all dieser Schönheit und dem großen
Frieden verzaubert.

Wegen der Gründung einer neuen Farbenfabrik in Charlton,
einem Vorort von London, wiederholten sich die Reisen nach
England zwei- oder dreimal im Jahr. In den häufigen Briefen
notierte er mit feinem Humor die Besonderheiten der Umgebung und spöttelte über das feierliche Englisch, das seinen
freien Geist ermüdete. Viele Jahre später bemerkte er in einer
langen Notiz, in welcher er seine Londoner Erinnerungen zu
Papier brachte, scharfsinnig:

> Geschäftehalber bin ich gezwungen, häufig mehrere
> Wochen in einem Londoner Bezirk zu verbringen. Es ist
> eine Reise, die für mich stets einen seltsamen Reiz hat.
> Vor allem entdeckte ich England sehr spät. Ich fuhr zum
> erstenmal hin, als ich schon vierzig Jahre alt war. In der
> Jugend paßt man sich leichter an. Ein junger Mensch,
> der für ein paar Monate nach England geht, hört bald
> auf, sich zu wundern; er anglisiert sich und betrachtet
> die Dinge mit gleichgültigen Blicken, als habe er sie
> selbst gemacht. Mich hingegen tragen meine alten Füße
> durch die Londoner Straße, und ich schaue mit stets
> erstauntem Blick um mich, während ich meine Meinung
> vor mich hinmurmle: Oh! Wacker! Oh! Prächtig! Oh!
> Die Esel! Und bei jeder Reise dominiert einer von diesen
> Ausrufen. Das erste Mal blieb ich drei Monate lang.
> Damals wohnte ich in einem wunderschönen Hotel am
> Russell Square, ganz nahe der City, und es waren drei
> Monate voll der Bewunderung. Ich war in Begleitung
> eines anglomanen Franzosen und bewunderte die eben-
> so respektierten wie respektablen *policemen*, die zahl-

reichen luxuriösen *music halls*, den Luxus der Indien-
eroberer in Convent Garden und auch die Ordnung auf
den belebten Straßen.

Als scharfsinniger Beobachter analysiert er 1924 in einem
Brief an einen Journalistenfreund kurz die Auswirkungen
und Folgen der Wahl des ersten Labour-Kabinetts in der
englischen Politik:

London, 28. 1. 1924

Lieber Giulio,
Heute erhielt ich Deinen lieben Brief vom 23., dessen
Inhalt mich nicht wenig verwunderte. Wie denn? In
unserem Land kann man ungestraft Verträge annullie-
ren, die im Beisein eines Rechtsanwaltes gemacht worden sind? Was sagt dann dieser dazu? Es ist völlig
unnötig, daß ich Dir von hier aus Ratschläge sende. Ich
hoffe, daß Du Deine Interessen zu verteidigen weißt
(oder besser die der anderen), und bin neugierig zu erfahren, wie die Angelegenheit ausgehen wird.
Ich habe hier bis Mitte März, wenn nicht noch länger, zu
tun. Das Wetter ist nicht besonders schlecht, auch wenn
es nicht gut ist. Es ist das übliche trübe und milde Klima
des Sommers und des Winters.
Es schmeichelt mir, daß Du mich nach meiner Meinung
über das neue Labour-Kabinett fragst. Das einzige, was
ich Dir versichern kann, ist, daß bisher nichts Neues
geschehen ist. Das Kabinett hat sein Amt mit den üblichen Formalitäten angetreten: Zylinder, und die
Staatsanwälte trugen sogar Perücke. Ich erkenne das
auch an den Sympathien der Bürger, die der Regierung
sofort nach ihrem Amtsantritt zuflogen. Eine Art netter
Lyrismus nimmt das Ereignis mit der Beschreibung des
harten Lebenskampfes, den alle Minister ertragen muß-

ten, bevor sie soviel Erfolg hatten. Im Moment
schweigt die Kritik. Die Zustimmung und die Hoffnung sind allgemein. Die Minister sind eher Arbeiter als
Sozialisten. Unterdessen können sie nichts anderes sein,
denn sie leben mit der aktiven Einwilligung der Libe-
ralen. Um Dir eine Vorstellung von der nicht existierenden Antipathie zu geben, die von diesem neuen Ereignis
in der Geschichte dieses Landes hervorgerufen worden
ist, sage ich Dir, daß alle glauben, daß England so seinen
Weg für die Lösung der zwei Probleme gefunden hat, die
es quälen: einmal die Außenpolitik, der Frieden in Europa, und dann die Innenpolitik, die Arbeitslosigkeit.
Deshalb werden die Minister gehätschelt, als ob sie etwas ganz anderes wären. Der ›Daily Telegraph‹ wundert
sich, daß neben Snowden nicht auch seine Frau im Kabinett sitzt, eine literarisch sehr aktive Frau, die immer
auch am Leben und an den Werken ihres Mannes lebhaft
Anteil genommen hat. Die Sympathie der ganzen Na-
tion gehört besonders den Frauen, die mit ihren Männern oder Vätern weit nach oben steigen werden. Frau
MacDonald wird Herrin über Downing Street Nr. 10
und sagt: eine etwas komplizierte Behausung, aber nett.
Der erste weibliche Minister, Frau Bonfield, ist der
Liebling aller anderen Frauen im Parlament. Lady Astor
ist auf die Sozialisten böse, nur weil sie Frau Bonfield
nicht ins Parlament gesetzt haben. Sie war mehr wert als
ihr alle.
Die Sorge ist, daß MacDonald zu gut ist und es bei den
nächsten Wahlen eine absolute Mehrheit für die Sozialisten geben wird. Aber in England werden nicht die
Personen gewählt, sondern die Programme; um zum
Beispiel die hohe Vermögenssteuer zu erreichen *(capital
levy)*, muß man die Zustimmung des Landes haben. So
mußte sich Baldwin, als er den Protektionismus in sein

Programm integrieren wollte, erneut den Wählern präsentieren, weil sie ihm die Tür gewiesen hatten.

Es ist wirklich überhaupt nichts Neues passiert, und zu diesem Zeitpunkt wissen das auch schon die Rebellen Indiens, welche MacDonald wissen ließ, daß man auf Verfassungswegen sehr viel erreichen könne, aber daß sich keine englische Regierung etwas mit Gewalt auferlegen lassen würde. Sicher wird sich Frankreich unbehaglicher fühlen als mit der Regierung Baldwin, aber – meiner Meinung nach – wird dies beweisen, daß diese Regierung englischer ist als die vorhergehende.

Die Gefahren, die MacDonald bedrohen, kommen nicht von den Bürgern, sondern von den Sozialisten und Kommunisten. Bis jetzt herrscht auch dort Ruhe, aber man hört schon vom Verräter MacDonald sprechen, und sogar im Unterhaus gibt es Elemente, die sich die Dinge anders vorstellen.

Ich hoffe, daß Du diese meine Ausarbeitungen gebrauchen kannst, ohne mich jedoch um Gottes willen zu zitieren.

Grüße von mir das Fräulein Aurelia.

Eine herzliche Umarmung von Deinem ergebenen

Ettore

Auf der zweiten Reise hatten wir ein kleines Haus für uns allein in einer sehr ruhigen Straße mit kleinen Villen und Gärten. Während der Woche beschäftigte Ettore sich mit der Arbeit in der Fabrik und dem Englischstudium, aber die Samstage und Sonntage gehörten nur uns. Wir gingen ins Theater, in die Museen und die wunderbaren Parks. Diese angenehmen Aufenthalte von einer Dauer von zwei oder drei Monaten wiederholten sich bis zum Ausbruch des Ersten Weltkrieges zwei- bis dreimal jährlich. Letizia kam nur selten mit uns. Sie blieb mit ihrer Großmutter in Triest. Im Frieden

unseres Häuschens in London erlangte Ettore vielleicht die
größte Glückseligkeit.

Als fürchterlicher Analytiker seiner selbst notierte er einige
Jahre nach der ersten Reise, anläßlich seines vierten London-
aufenthaltes, voller Melancholie, wie das Glück und die Stärke
der Eindrücke mit fortschreitendem Alter kleiner würden:

4. Reise nach London   3. 4. 1905
Nun bin ich also von meiner vierten Reise nach London
zurückgekehrt. Bislang habe ich über vier solcher Reisen nichts aufgeschrieben, während ich früher auf meinen vielen gemächlichen Fahrten zwischen Corso und
Barriera Vecchia unendlich viele Dinge beobachtete.
Oh, die Jugend! Und doch glaube ich, daß nur eine
einzige wichtige Sache aus meinen Gedanken verschwunden ist: die Bewunderung meiner selbst. Heute
habe ich dieselbe Methode; in meinem Geist spiegeln
sich die Dinge ebenso lebhaft wie früher wider, aber sie
verschwinden, und ich lege keinerlei Wert darauf, die
Bilder festzuhalten, die sie in mir wachriefen. Liegt dies
vielleicht daran, daß mir der Umgang mit Ideen oder der
Versuch, damit umzugehen, fremd ist, da ich mich zum
Umgang mit anderen Dingen gedrängt fühle? Letztlich
wurde die ganze Reise, wie generell mein ganzes Leben,
mit kuriosen Beobachtungen ausgeschmückt, die ich
den mir am nächsten Stehenden in den wirkungsvoll-
sten Worten schilderte, die ich fand, aber wozu soll man
die Beobachtungen und die Worte der Nachwelt über-
liefern, bloß damit diese auch noch die Mühe hat, sie zu
eliminieren? Und von der ganzen Reise ist mir, soweit es
mich betrifft, nur noch der tiefe Eindruck in Erinnerung geblieben, den ich auf meiner Fahrt durch Italien,
Frankreich und England empfand. Ich fuhr durch diese
von Leben erfüllte Welt, und obwohl ich sie nicht liebe,

wurde ich dennoch von Rührung ergriffen, und ich
wünschte all den Feldern nah und fern von Herzen, sie
möchten doppelte Ernte liefern, damit die Völker reich
und gut würden.

Er, der sich als junger Mann so sehr gewünscht hatte zu
reisen und der sich mit großer Freude an seinen kurzen Besuch in Konstantinopel erinnerte, schrieb jetzt:

Bei jedem Ortswechsel ergreift mich eine ganz große
Traurigkeit. Unabhängig davon, ob ich einen Ort verlasse, mit dem sich Erinnerungen oder Schmerzen und
Freuden verbinden. Es ist der Wechsel als solcher, der
mich aufwühlt, wie sich die Flüssigkeit in einem Gefäß
beim Schütteln trübt.

Vielleicht war es sein Geist, der immer mehr die Tiefe dem
gesellschaftlichen Leben vorzog und es nicht mehr liebte, in
seiner Konzentration von den äußerlichen Aspekten der Welt
abgelenkt zu werden. Und dennoch ließen so viele Reisen,
so viele Kontakte zu verschiedenen Völkern in ihm einen
europäischen Menschen heranreifen.
Er klammerte sich immer mehr an unser Heim, in dem sich
das Familienleben heiter, immer gleich, ohne Aufregungen,
abspielte. Er schrieb mir:

Charlton, 5. 12. 1903
Ich finde, es war für mich bis jetzt ein großes Glück, daß
Du geboren wurdest und daß alles, was mir in meinem –
durch Dich so erregend und aufregend gewordenen –
Leben widerfährt, durch den Gedanken an Dich und an
meine Tochter gemildert wird. Das Schlimme wird weitgehend erträglich, und die Freude, die mir beschert ist,
wird doppelt, da Du sie mit mir teilst. Ich wünsche mir

nichts anderes, als daß wir unser Leben so weiterführen
können wie bisher, mit Ausnahme der vielen und häufigen Trennungen, mit denen ich mich nicht abfinden
kann. Es stimmt, daß auf die Trennungen eine Zeit der
Flitterwochen folgt und daß man in seine Frau verliebter
wird. Aber daran liegt mir nichts. Mir liegt daran, Dich
immer gern zu haben, und so sehr Du Ziege Dich manchmal auch darüber beklagt hast, gab es – selbst in den
längsten Perioden des Zusammenseins mit Dir – keinen
einzigen Tag, an dem ich Deine Gesellschaft gemieden
oder auch nur weniger gesucht hätte. »Questo fia suggel
ch'ogni uom sganni« und auch jede Frau, Dich eingeschlossen. Tatsache ist, daß die grobe Arbeit, der ich
nachgehe, zuweilen den Wunsch in mir weckt, wieder in
mich selbst zurückzukehren, entweder bei einer Lektüre,
die mich überhaupt nicht interessiert, oder beim Üben
eines Geigenstücks, bei dem nur die Finger arbeiten. Du
darfst nicht vergessen, wie viele Jahre ich dieser süßen
Gewohnheit nachging und wie sie mir jetzt so oft völlig
untersagt ist. Meiner Träumergewohnheit verdanke ich
im Grunde meine fast ständige Heiterkeit . . .
Und um Dir wie jedes Jahr zu beweisen, daß ich bereit
bin, Dir das zu opfern, woran ich so hänge, da es mir zu
träumen hilft, verspreche ich Dir auch dieses Jahr, nicht
mehr zu rauchen . . .

Nach fünf Jahren hatten wir unsere kleine Wohnung verlassen und waren in den ersten Stock der Villa gezogen, um dort
gemeinsam mit meinen Eltern zu leben. Die anderen Kinder
hatten das Elternhaus verlassen. Zuerst hatte meine Schwester Dora den Doktor Giuseppe Oberti aus Valnera geheira-
tet und dann Fausta Francesco Trevisani. Letztere war mit
dem Ehemann nach Rußland gegangen. Mein Bruder Bruno,

der einzige in der Familie, den die Fabrik nicht interessierte, war immer fern, in Wien und in Bologna, wo er Chemie und Musik studierte. Meine Mutter, alleingeblieben mit meinem Vater, hatte sich noch mehr an mich gehängt, sie wollte uns noch näher bei sich haben. Ihr Verhältnis zu Ettore war herzlich und liebevoll. Er achtete sie sehr, und sie hatte großes Vertrauen in ihn.

Jeden Sonntag nahmen wir an dem großen Mittagessen im Kreis der Familie teil, zu dem meine Mutter alle Töchter mitsamt den Schwiegersöhnen und Enkeln einlud, die in Triest lebten. Einige Jahre lang wurde die Kinderschar von meinem Bruder Bruno angeführt, der, 18 Jahre nach der Hochzeit geboren, noch ein Kind war. Nach dem Essen leitete er ihre Spiele im Garten oder auf der Veranda, je nach Jahreszeit. Jeden Sonntagnachmittag empfing meine Mutter zusätzlich zu den Verwandten eine große Anzahl von Gästen. Man kann sagen, daß an diesen Empfängen das gesamte damalige intellektuelle Triest teilnahm. Im Musiksaal trat das Triestiner Quartett, bestehend aus Jancovich, Dudovich, Viezzoli und Baraldi, auf. Es wurden Spiele und Tanz für die Jugend organisiert.

Ettore war bei diesen Versammlungen immer anwesend und unterhielt sich mit allen herzlich. Er war unbeschwert, nach außen hin sehr lustig und besaß die Gabe, die Gesellschaft zum Lachen zu bringen: In den vollen Räumen hörte man oft sein wohltönendes Lachen.

Die Räume waren mit Bildern geschmückt. Auf ihnen konnte man die bedeutendsten Unterschriften Triests lesen: Veruda, Flumiani, Fittke, Grimani, Orell. Es war Ettore, der den Malern die Türen des Hauses Veneziani geöffnet hatte. Er übernahm oft das Mäzenatentum für die Künstler Triests. Als Kenner sprach er von Verudas Einfluß auf Fittke, einen anderen hervorragenden, aber unglücklichen Triestiner Maler, der Selbstmord begangen hatte.

Triest, 27. April 1922

Lieber Herr Del Conte,

bei meiner Rückkehr aus London erhielt ich von meinem Schwiegersohn die wunderbare Studie des Herrn Schiffrer über Fittke. Ich glaube, daß diese geradezu das Beste ist, was je in unserem Lande über einen italienischen Künstler geschrieben worden ist. Beim Lesen dieses Aufsatzes erkannte ich in meiner Erinnerung unseren armen Freund wieder klarer und verstand ihn besser. Fittke hatte einen solchen Freund verdient, und es tröstet mich zu erkennen, daß er ihn gehabt hat. Jetzt sind die Aufzeichnungen meiner persönlichen Erinnerungen gänzlich überflüssig, und ich habe die wenigen Notizen, die ich gemacht hatte, bereits vernichtet. Im großen und ganzen könnte ich über die Jugend Fittkes nichts anderes erzählen, als von einem freundlichen Gesicht, welches meine Stunden der Handelskorrespondenz besuchte, aber welchem es nicht gelang, mich zu überzeugen, daß er an diesen Lektionen besonderes Interesse hatte. Ich habe nur eine einzige Beobachtung zu dieser Abhandlung beizutragen. Zu einem gewissen Zeitpunkt in seinem Leben muß Verudas Einfluß auf Fittke stärker gewesen sein, als Schiffrer annimmt. Vielleicht wurde dann in der Entwicklung des Malers dieser erste Einfluß vergessen oder von anderen überdeckt. Ich kann den Zeitpunkt auch genau nennen: sofort nach seiner Rückkehr aus München. Ich weiß nicht, auf Grund welcher Vereinbarungen die beiden Maler für viele Monate zusammen im selben Atelier arbeiteten. Fittke war mit einer Technik aus München gekommen, die er den Lasuren vorzog, und für eine sehr kurze Zeit auf einer einzigen Leinwand (glaube ich) probierte Veruda diese Technik aus. Der Einfluß des älteren Malers (älter als er) muß aus zwei Gründen wichtig gewesen sein: Vor allen Dingen verkündete Veruda sofort den Wert Fittkes. Uns anderen, die keine Ahnung von der Kunst hatten, hat Veruda den Respekt für diesen blutjungen Maler gelehrt. Dann stimmt es auch, daß er über Fittkes Zukunft verzweifelte, weil er ihn für zu hilflos im Lebenskampf hielt, und er überzeugte alle davon, daß Fittke verhungern würde, wenn er nicht eine Stelle annehmen würde. Nachdem ich Fittke mehrere Jahre lang gekannt habe, bin ich immer noch der Meinung, daß Veruda recht behalten hätte. Der andere Grund ist, daß in all den Jahren, in denen ich mit Fittke verkehrte, er nie vergaß, seine Bewunderung für Veruda zu betonen, welcher schon seit langem gestorben war. Vielleicht verliert dieser zweite Grund etwas von seiner Bedeutung durch die Beobachtungen Ihres Kollegen über gewisse Eigenheiten von Fittkes Charakter, Beobachtungen, welche mich überzeugt haben.

Lieber Herr Del Conte, ich danke Ihnen herzlich, daß Sie mir diese Abhandlung verschafft haben, welche ich sorgfältig aufbewahren werde, und hoffe, Sie bald wiederzusehen.

Ihr Ergebenster   Ettore Schmitz

In meiner Familie war die Begabung für die Musik ausgeprägt. Mein Bruder war dabei, ein angesehener Konzertmeister zu werden. Meine Schwester liebte den Gesang leidenschaftlich und besaß eine wunderbare Sopranstimme. Ihr Ehemann, ein ausgezeichneter Cellospieler, war Präsident der Konzertgesellschaft und brachte die berühmtesten europäischen Konzertmeister, die sich auf der Durchreise in Triest befanden, in unser Haus. Ettore spielte nie vor Publikum Geige, weil seine Bogentechnik nicht besonders gut war,

aber im Familienkreis freute er sich darüber, unserem Fami-
lientrio anzugehören.

Weil ich sein Bedürfnis nach Alleinsein verstanden hatte, ließ
ich ihm auf der an unsere Zimmer angrenzenden Terrasse ein
kleines Atelier bauen, in dem außer dem Schreibtisch der
Notenständer für die Geige und ein Regal für seine
Lieblingsbücher standen. Er, der nie um etwas bat, war mir
zutiefst dankbar für diese Aufmerksamkeit. Er war glücklich, ein Eckchen ganz für sich allein zu haben. Aber nach *Ein
Mann wird älter* hatte er endgültig darauf verzichtet, ein
Schriftsteller zu sein, und immer mehr wurde Italo Svevo
von dem Industriellen Schmitz ausgelöscht, der die Mischun-
gen der Farben überwachte, die kostbaren Formeln hütete,
die Verwaltung leitete, vertrauliche Aufträge ausführte, Verträge auf seinen Reisen durch ganz Europa abschloß. Die
Stunden der Sehnsucht nach Kreativität wurden durch die
Musik unterdrückt. Diese verjagte die Sehnsucht im Atelier
und in den Hotelzimmern:

> Ich reiste immer mit meiner Geige, und als ich nach
> London kam, sah man mich am Bahnhof voller Respekt
> an: Albert Hall, Wigmore Hall oder Queen's Hall? Statt
> dessen brachte mich der Wagen in den entferntesten und
> kühlsten der Londoner Vororte, wo ich die Nachbarn
> mit meinem Bogenstrich erfreute.

Aber trotz des sich auferlegten Zwangs entwarf seine präzise
Schrift auf der Rückseite eines Briefumschlages oder eines
Rundschreibens hin und wieder eine Komödie, schrieb einen
Gedanken nieder, einen Eindruck oder führte eine Über-
legung zu Ende.

Eingeschlossen in einem freiwilligen Schweigen, fuhr sein
Geist unermüdlich fort, das Leben zu analysieren und die
Menschen miteinander zu vergleichen. Er beurteilte sie mit

scharfem Blick, aber dennoch voller Nachsicht. Er fand immer mildernde Umstände für ihre Sünden. Ettore hat nie jemandem seine Hilfe verweigert und hat es verstanden, dies stets mit äußerstem Feingefühl zu tun. Auch die entfernten Verwandten haben sich immer an ihn gewandt.

Er vertraute mir jeden seiner Zweifel an. Nur von vollendeten Taten sprach er selten. Er stützte sich immer stärker auf mich, obwohl er älter war als ich, mit einem rührenden Vertrauen, fast wie ein Sohn. Als er nach England reisen mußte, sagte er:

»Entweder kommst du mit mir oder ich mit dir.«

In gewissen Dingen war er wirklich wie ein kleiner Junge. Es fehlte ihm der praktische Sinn für die täglichen Notwendigkeiten des Lebens, und seine einzigartige Zerstreutheit war schon legendär und das Vergnügen der weitläufigen Verwandtschaft geworden.

In seiner Geldbörse trug er nie mehr als einen Gulden mit sich, denn wenn es zwei gewesen wären, hätte er einen sicher verloren.

Einmal, in Venedig, während eines unserer häufigen Aufenthalte in dem Haus in Murano neben der Farbenfabrik, betraten wir eine Apotheke, in der wir zwei Schachteln mit Medikamenten kauften. Beim Hinausgehen sagte ich zu ihm: »Steck die Arzneimittel ein.« Daheim angekommen, mußte ich zu meinem Erstaunen sehen, wie er Schachteln, Schächtelchen und Flaschen aus den Taschen zog. »Aber was ist das für Zeug?« schrie ich. Treuherzig antwortete er: »Du hast mir doch gesagt, ich soll die Medikamente nehmen.« Um neun Uhr abends mußte ich von Murano nach Venedig, in die Apotheke Zampironi, um eine Unmenge ungeduldig erwarteter Arzneimittel zurückzubringen.

Eines Tages, als wir mit dem Dampfer aus Venedig zurückkamen, sagte ich beim Aussteigen zu ihm: »Nimm das Plaid mit.« Auf der Mole angelangt, bemerkte ich, daß das

Plaid sehr voluminös war. Außer diesem hatte er völlig zerstreut auch die große Tischdecke des Bordtisches mit einge-
rollt!

Ettore war immer sehr betroffen nach solchen Zwischen-
fällen, aber dann endete es damit, daß er über sich selbst
lachte. Nur einmal war er wirklich bestürzt, dieses Ereignis
machte ihn fast krank, und er, der so einen ruhigen Schlaf
hatte, litt acht Nächte lang an Schlaflosigkeit. An jenem Tag
hatte er mit 150 Lire das Büro verlassen, um einen eiligen
Kauf für die Fabrik zu tätigen, und war nach einigen
Stunden zurückgekehrt, ohne den Gegenstand gefunden zu
haben, aber mit einem großen Kuchenpaket in der Hand
und 160 Lire im Geldbeutel. Wir haben nie herausgefunden,
wo er diese Torten gekauft hat. Bei jedem Regenguß verlor
er einen Schirm. Ich kaufte ihm besonders auffällige
Schirme, damit er sich an sie erinnerte. Eines Tages nahm er
einen Regenschirm mit rotem Griff aus dem Haus mit und
verlor ihn. An einem der nächsten Regentage verließ er das
Haus mit einem grauen Schirm und kam mit dem roten
heim . . .! Aber seine größte Tat war die, als er unsere kleine
Letizia auf der Villacher Messe vergaß. Er war durchaus
fähig, zwei Paar Manschetten anzuziehen und dann über ein
gewisses Unbehagen zu klagen, ein Schweregefühl in den
Armen. Einmal suchte er lange vergeblich eine rote Krawatte: Es war ihm nicht möglich, sie zu finden. Als er nach
einem heftigen Regenschauer heimkehrte, sah ich, daß er
beim Gehen eine rote Spur hinterließ, die ich für Blut hielt.
Voller Schrecken zeigte ich auf das Bein, und wir fanden die
rote Krawatte wieder, die sich um seine Fessel gewickelt
hatte.

Eine seiner letzten Taten vollbrachte er in Paris. Er hatte das
»Crédit Lyonnais« betreten. Es war ein regnerischer Tag, und
ich wartete auf der Straße in einem Wagen auf ihn. Es dauerte
sehr lange, bis er wieder herauskam. Dann erschien er völlig

erregt, und auf einen Herrn zeigend, der sich entfernte, sagte er zu mir: »Siehst du? Der da geht mit meinem Schirm weg.« »Wie?« fragte ich überrascht. »Wir lehnten alle beide an der Brüstung, und plötzlich reißt er ihn mir aus der Hand und ruft aus: ›Mein Herr, das ist mein Regenschirm!‹ Ich habe erwidert: ›Nein, es ist meiner.‹ Er hat so sehr darauf beharrt, daß ich, um nicht zu streiten, zuließ, daß er ihn mitnahm.« »Oh, wie schändlich!« rief ich entrüstet aus. Unnötig zu sagen, daß wir bei unserer Rückkehr ins Hotel Ettores Schirm an seinem Platz fanden.

Im Alter ermahnte er sich oft:

»Ich muß weniger zerstreut sein, um meine Brille nicht zu verlieren.«

Die Geistesabwesenheit ließ mit dem Alter nach, aber wieviel Mühe muß es ihn gekostet haben, sich aktiv an der Geschäftswelt und der Welt der Fabrik zu beteiligen! In den Schaffensperioden vergaß er seine Umgebung völlig, und seine Beziehungen zu den anderen Personen wurden gedankenlos und flüchtig. Er entzog sich mit eisernem Willen der Literatur, nach der er eine ständige Sehnsucht verspürte. Er schrieb:

Ich erinnere mich, daß ich auch vor der Gnade, welche mir dank der Laune eines großen Mannes zustieß, immer meinen literarischen Dämon geliebt habe. Ich habe ihn schon deshalb nicht vertrieben, weil es mir leid getan hätte, keine Berühmtheit zu erlangen; ich fürchtete, daß er mich daran hindern könnte, den Pflichten nachzugehen, welche ich mir zu meinem Vorteil, zu dem meiner Familie und auch meiner Teilhaber auferlegt hatte. Es war eine Frage der Aufrichtigkeit, denn es bedarf wenig, um zu erkennen, daß meine Arbeit für eine ganze Woche litt, wenn ich auch nur eine einzige Zeile schrieb oder las.

So schrieb er viele Jahre nichts mehr, denn es genügte eine
einzige Zeile, um ihn für die Arbeit, der er täglich nachgehen
mußte, unfähig zu machen. Sofort stellten sich seine Zerstreutheit und Unlust ein; und er wollte vor allem ein
vorbildlicher Arbeiter sein.

Letizia war bereits ein junges Mädchen. Ettore hatte sich
meinem Willen widersetzt, sie nach der Tradition meiner Familie, welche sehr religiös war, im Internat von ›Notre Dame
de Sion‹ erziehen zu lassen. Er dagegen wünschte, daß sie die
öffentliche Schule besuchte, weil sie seiner Meinung nach
dem Geist eine realistischere und für das Leben geeignetere
Erziehung bot. Ansonsten hatte er die ganze Verantwortung
für Letizias Erziehung mir überlassen. In jenen Jahren war er
zu sehr von der Arbeit und von seinen Phantasien in Anspruch genommen, um mit der Tochter eine vertrauliche und
beständige Beziehung aufzubauen. Manchmal machte die
Müdigkeit ihn ungeduldig, aber wenn er über ernste Dinge
mit ihr sprach, dann tat er dies ohne eine Spur von Autorität,
wie ein Freund. Er lehrte sie, sich den Problemen des Lebens
mit absoluter Aufrichtigkeit zu stellen. Nicht einmal in ihrer
heiteren Kindheit hatte sie sich oft an seiner Gesellschaft
erfreuen können. Die Zeiten, in denen wir reisten, waren
glücklich gewesen, und die Sommeraufenthalte am Meer:
Lido von Venezia und Riccione, lange Spaziergänge in den
Bergen und auf dem Karst, wo wir in Sesana und Prevallo
wohnten. Einmal marschierten wir zehn Stunden, um auf
den Gipfel des Mangart zu gelangen. Bei solchen Gelegen-
heiten wurde die Unterhaltung zwischen Vater und Tochter
vertraulicher und heiterer. Er wollte mit ihr die Orte seiner
unbeschwerten Jugendjahre besuchen, die romantischen
Landschaften am Rhein und das Internat von Segnitz bei
Würzburg, und er wollte sie mit uns in unser Häuschen in

London nehmen. Letizias körperliche und geistige Ähnlichkeit mit dem Vater wurde immer auffälliger: dieselben leuchtenden Augen, dieselbe hohe Stirn, dieselben dichten, zusammengewachsenen Augenbrauen, dasselbe humorvolle Lachen, dieselbe Freiheit des Geistes. Dem Wesen Letizias fehlte allerdings der Hang zum Pessimismus, der für Ettore so typisch war. Er sah, wie sie frei heranwuchs, und wenn er auch manchmal streng war, unterdrückte er sie nie durch seine Persönlichkeit. Letizia besuchte das humanistische Gymnasium und trieb viel Sport. Mit zwölf Jahren hatte sie sich mit dem Fahrrad bis auf den San Pietro del Carso hinaufgequält; mit Leidenschaft lief sie Rollschuh und spielte Tennis. Ihr Leben war glücklich, erheitert von der Gesellschaft der Cousinen und Vettern Bliznakoff, die im Nachbarhaus wohnten. Ich hatte erreicht, daß sie wenigstens für ein Jahr das Internat ›Notre Dame de Sion‹ besuchen konnte, zur Zeit ihrer Erstkommunion. Letizia hatte von mir eine große Ordnungsliebe und ein starkes Pflichtbewußtsein geerbt. Für ihre Intelligenz war die Schule ein Kinderspiel. Sie neigte eher zu den exakten Wissenschaften als zu den literarischen Fächern. Sie besaß eine Vorliebe und den Geschmack für schöne Dinge. Nach ihrer Hochzeit begann sie, Kunstgegenstände zu sammeln, besonders Schmuckstücke.

Unser aller Leben spielte sich in völliger Harmonie ab. Nach außen hin erschien Ettore besänftigt, aber heimlich quälte ihn seine Besessenheit immer noch. Am 10. Januar 1906 schrieb er in ein Album, dessen restliche Seiten zum Großteil leer sind:

Warum, zum Teufel, spreche ich soviel von meinem Alter? Gewiß nicht aus Angst vor dem Tod, der weder Neugier noch Angst in mir weckt. Ich glaube, daß mein Leben tatsächlich zu kurz gewesen ist. Es war erfüllt von Träumen, die ich weder aufschrieb noch behielt. Ich bedaure nicht, daß ich nicht genügend genossen habe, aber ich bedaure aufrichtig, daß ich diesen ganzen Zeitraum nicht festgehalten habe. Im übrigen, wehe, wenn viele andere so dächten wie ich! Arme Menschheit! Wie viele Autobiographien! Letizia wuchs heran, und das einzige, was ich von ihrer frühen Kindheit aufbewahrt habe, sind verblaßte Fotografien!

Alles um mich herum stirbt tatsächlich im Vergessen, weil ich fasziniert zusehe, von einem Haufen Leute belästigt, die mir die Ohren vollschreien. Siora Livia war eben noch zwanzig, und nun ist sie schon über einunddreißig. Mir kommt es vor, als sei sie schon immer so alt gewesen. Und wenn sie in das Alter kommt, in dem man hinfällig wird, dann werden wir immer alt gewesen sein.

Er war 43 Jahre alt und betrachtete sein Leben bereits als abgeschlossen, während ihm vom Schicksal noch viele glückliche Überraschungen bestimmt waren.

Der Schriftsteller in ihm schien tief zu schlummern, von uns fast ignoriert und von ihm mit einer Art Nachsicht betrachtet:

Ich erinnere mich, daß vor ein paar Jahren ein Geschäftsmann die ernsthaften Verhandlungen unterbrach, in denen wir uns befanden, um mich zu fragen: »Stimmt es, daß Sie der Autor von zwei Romanen sind?« Ich errötete so, wie nur ein Autor bei solchen Anlässen zu erröten weiß, und da mir an diesem Geschäft viel gelegen war, sagte ich: »Nein, nein! Es ist ein Bruder von mir.« Dieser Herr wollte jedoch, ich weiß nicht warum, den Autor der beiden Romane kennenlernen und wandte sich an meinen Bruder, dem diese Unterstellung nicht sehr schmeichelte, weil sie eindeutig seine berufliche Respektabilität untergrub.

Um Ettore aus diesem halbschlafähnlichen Zustand zu wekken, bedurfte es eines zündenden Ereignisses, und dieses ergab sich aus dem zufälligen Treffen mit dem irischen Schriftsteller James Joyce.

Schon während seiner ersten Reise nach England hatte Ettore das Verlangen verspürt, seine Englischkenntnisse zu verbessern. Er sprach perfekt Deutsch, gut Französisch (er hatte sich während der Zeit unserer Verlobung darin geübt), aber er besaß nur Grundkenntnisse des Englischen. Das Studium der Sprache war der Grund für die glückbringende Freundschaft mit Joyce. Dieser war im Herbst 1903 zusammen mit seiner jungen Frau, Nora Barnacle, von Dublin nach Triest gekommen. Er war jung, knapp über zwanzig, arm, am Beginn seiner großartigen Karriere als Schriftsteller. Joyce war nach einem tragikomischen Abenteuer in Triest angelangt: er hatte den Zug Wien – Triest genommen und war um vier Uhr morgens fälschlicherweise in Laibach ausgestiegen. Als er am darauffolgenden Tag einen Passanten nach der Via S. Nicolò fragte, in der sich die Berlitz School in Triest befand, erkannte er, daß er sich getäuscht hatte. Und voller Sorge, weil er wenig Geld bei sich hatte, wartete er den ganzen Tag und einen Teil der Nacht am Bahnhof von Laibach auf den Zug nach Triest. Dort angekommen, ließ er seine Frau in dem kleinen Garten gegenüber des Bahnhofs und machte sich auf die Suche nach der Schule, um dort Hilfe in Form von Geld zu erhalten. Aus Versehen gelangte er in eine Straße der Altstadt, in der englische Matrosen mit Dirnen aneinandergeraten waren. Er wollte als Dolmetscher und Vermittler dienen, aber es widerfuhr ihm Schlechtes: Beim Eintreffen der Polizei wurde er mit den anderen verhaftet und den ganzen Tag im Gefängnis festgehalten, während seine arme Frau, ohne Geld und ohne die Sprache der fremden Stadt zu verstehen, auf einer Parkbank sitzend auf ihn wartete.

Wie viele Male habe ich Joyce voll mitreißendem Temperament diese Geschichte erzählen hören, an die er sich mit Vergnügen erinnerte!

Nachdem er eine Zeitlang an der Berlitz School unterrichtet hatte, kündigte er und lebte davon, daß er Englischunterricht gab, von Haus zu Haus eilend. Ettore wollte nicht nur die Sprache erlernen, sondern suchte auch einen erfahrenen Führer, um die moderne angelsächsische Literatur besser kennenzulernen. Er wandte sich an Joyce, der zu jener Zeit der Modelehrer bei der reichen Triestiner Bourgeoisie war, und so lernten sie sich kennen.

Die Unterrichtsstunden zwischen dem Lehrer, der auf das höchste unbeständig, aber von sehr hoher Intelligenz war (er sprach achtzehn klassische und moderne Sprachen), und seinem außerordentlichen Schüler spielten sich auf ungewöhnliche Weise ab. Man sprach überhaupt nicht von Grammatik, sondern von Literatur, und berührte tausend andere Themen. Ich nahm auch an diesem Unterricht teil. Joyce war sehr lustig in seiner Ausdrucksweise und sprach wie wir Triestiner Dialekt, besser gesagt den Volksdialekt, den er in den zwielichtigen Straßen der Stadt gelernt hatte, in denen er sich mit Vorliebe aufhielt. Auch in der Schweiz und in Paris blieb der Triestiner Dialekt das übliche Ausdrucksmittel der Familie und der Kinder, die in Triest geboren waren: Giorgio, der die schöne Stimme von seinem Vater geerbt hatte, und Lucia, die Tänzerin und eine begnadete Malerin geworden war. Ich erinnere mich noch an ihre wunderbaren Illustrationen zu einem Gedicht von Chaucer, das der Jungfrau Maria gewidmet war.

Trotz des Altersunterschiedes und der verschiedenen Nationalitäten entstand sofort eine Freundschaft zwischen Ettore und Joyce. Der Ire, der nie mit irgend jemandem über seine schriftstellerischen Arbeiten gesprochen hatte, brachte schon bald seine Manuskripte in die Villa Veneziani. Es waren die

Gedichte von *Chamber Music* und einige Kapitel der *Dubliners*. Ich weiß noch, daß ich nach dem Vortrag der Erzählung *Die Toten*, der letzten der *Dubliners*, in den Garten hinuntergegangen war, um Blumen zu pflücken und sie dem Schriftsteller zu schenken. Mein Mann zeigte ihm seinerseits die zwei vergessenen Ausgaben, zuerst *Ein Leben*, für das er eine besondere Vorliebe hatte, und dann *Ein Mann wird älter*, wie um ihm zu sagen: »Auch ich war ein Schriftsteller.« Joyce las sie sofort, und bei der nächsten Unterrichtsstunde erklärte er, daß Svevo seiner Meinung nach ungerechterweise vernachlässigt worden sei. Voller Eifer fügte er hinzu, daß auch die großen Meister des französischen Romans bestimmte Seiten von *Ein Mann wird älter* nicht hätten besser machen können. Diese unerwarteten Worte waren Balsam für Ettores Seele. Er sah Joyce mit großen, verzauberten Augen an, glücklich und erstaunt. Nie hätte er gedacht, solche Lobreden über seine vergessenen Romane zu hören. An jenem Tag konnte er sich nicht von Joyce trennen, er begleitete ihn bis zu seiner Wohnung auf der Piazza Vico, wobei er ihm ausführlich vom Verlauf seiner literarischen Enttäuschungen erzählte.

Es war das erste Mal, daß er jemandem sein Herz ausschüttete, um seine tiefe Verbitterung zu offenbaren. Joyce sprach im Kreise seiner Bekannten und mit den Intellektuellen, die sich großer Beliebtheit erfreuten, ausführlichst von seiner Entdeckung. Er rezitierte sogar die letzten Seiten von *Ein Mann wird älter* auswendig, er schimpfte über die Blindheit der Kritiker und bestätigte, daß Svevo ein sehr origineller Romanschriftsteller sei, der einzige moderne italienische Schriftsteller, dem es gelungen sei, sein Interesse zu wecken. Aber auch gegenüber solchen Lobreden blieb die Gesellschaft Triests taub und ungläubig.

Der Ire fand in Ettore eine Mentalität, die der seinen ähnlich war, eine geistesverwandte analytische Methode. Louis Gillet behauptete 1937 in einer Pressekonferenz in Paris sogar,

daß Joyce nur von zwei italienischen Schriftstellern beeinflußt worden sei: Giambattista Vico und Italo Svevo.

Ab diesem Zeitpunkt sprachen die beiden in ihren Unterrichtsstunden ständig von literarischen Plänen und Problemen. Mein Mann vertraute dem Freund seine Absicht an,
eine Erzählung über einen alten Mann und ein junges Mädchen zu schreiben – welche später mit dem Titel *Die Novelle
vom guten alten Herrn und vom schönen Mädchen* verwirklicht
wurde, und Joyce diskutierte mit ihm in allen Einzelheiten
die Geschichte von Bloom, die er dann im *Ulysses* entwickelte.

Auf Ettores zweifelnden Charakter hatte das kämpferische
und hartnäckige Temperament und die große Sicherheit des
Iren (er hatte in seiner Jugend einmal einem alten Dichter
geantwortet: »Es stimmt, Sie haben keinerlei Einfluß auf
mich ausgeübt. Es ist schade, daß Sie zu alt sind, um meinen
Einfluß zu spüren«) eine wohltuende Wirkung. Man spürt
dies auch in der Beschreibung, die Ettore viele Jahre später
machte, anläßlich des Vortrags, den er am 8. März 1927 auf
Einladung des Magazins ›Il Convegno‹ in Mailand hielt:

> Joyces Aussehen hat sich seit seiner Ankunft in Triest
> wenig verändert. Er ist über vierzig Jahre alt. Zierlich,
> schlank, groß, könnte er als Sportsmann erscheinen,
> bewegte er sich nicht mit der Nonchalance eines Men-
> schen, der sich nicht im geringsten um die eigenen
> Glieder kümmert. Ich glaube sogar, daß diese Glieder
> völlig vernachlässigt wurden und weder Sport noch
> Gymnastik kannten. Ich will damit sagen, daß er aus der
> Nähe nicht wie der unermüdliche Kämpfer wirkt, wie es
> sein couragiertes Werk nahelegen würde. Er ist sehr
> kurzsichtig und trägt eine starke Brille, die seine Augen
> größer erscheinen läßt, und diese blauen Augen, die
> auch ohne Brille sehr auffallend sind, schauen mit be-

ständiger Neugier und mit ebenso großer Kälte um
sich. Ich kann nicht umhin, mir vorzustellen, daß diese
Augen nicht weniger neugierig und kalt wären, wenn
sie sich auf einen Gegner hefteten, mit dem Joyce sich
messen müßte.

Die Bewunderung von Joyce und das Einverständnis mit
ihm waren ein wunderwirkender Balsam für die tiefe, ständig
präsente und brennende Wunde seiner Eigenliebe. Erst damals hörte Ettore auf, seine Romane als Jugendsünden zu
betrachten. Mit dem Gesicht zur Erde geneigt unter dem
negativen Urteil, war sein Talent in der »Traurigkeit des
Schweigens« vergraben geblieben, wie er zu sagen pflegte.
Und siehe da, der Freund erweckte in ihm, und dieses Mal für
immer, den Schriftsteller.
Der Weltkrieg trennte die beiden. Joyce flüchtete nach Zürich und zog dann um nach Paris. Er kehrte nicht mehr nach
Triest zurück, aber er sollte wieder in Svevos Leben auftau-
chen und eine sehr wichtige Rolle darin übernehmen.

MIT DEM AUSBRUCH DES WELTKRIEGES 1914, genauer gesagt mit dem Eintritt Italiens in den Konflikt, wurde unsere große Familie in ganz Europa zerstreut. Das große Haus stand nun fast völlig leer. Meine Eltern, Bürger des Königreiches Italien, flüchteten nach England. Meine Schwester Dora ließ sich in Florenz nieder, Nella und Fausta wählten Zürich; sogar unsere einzige Tochter Letizia wollte uns verlassen, um das Geschick ihres Verlobten, Antonio Fonda, eines jungen Istrianers, der sich freiwillig zum italienischen Militär gemeldet hatte, aus der Nähe zu verfolgen. Sie zog zu ihrer Tante nach Florenz. Wir alle bildeten uns ein, daß der sichere Sieg innerhalb weniger Monate Italien nach Triest bringen würde. Wir blieben allein in der Stadt zurück, um die Interessen der Firma zu wahren. Unser Leben änderte sich grundlegend. Der fieberhaften Tätigkeit folgten die Andacht, die Ruhe, das angstvolle Warten. Die Fabrik arbeitete nicht mehr. Ein plötzlicher Aufruhr hatte uns für einige Tage in Angst um unsere Existenz versetzt. Im August 1915 waren die Experten und Techniker des österreichischen Heeres in unserer Fabrik erschienen, um Maschinen und Waren zu beschlagnahmen, wobei sie sogar die sorgfältig gehüteten Geheimformeln für die Lacke forderten und Ettore mit Festnahme drohten. Schnell plante er die List. Nachts mauerte er mit Hilfe alter Arbeiter, die durch die Bande langer Treue an unsere Familie gebunden und ihm sehr ergeben waren – Ettore verstand es, ein gutes Verhältnis zu seinen Angestellten aufzubauen –, in größter Eile das Spezialmaterial in einem kleinen Zimmer ein. Am Tag darauf übergab er der Militärkommission feierlich die falschen Formeln, die mit dem zu erwartenden Erfolg in Pola von der k. u. k. Kriegsmarine ausprobiert wurden. Er freute sich immer sehr an solchen Streichen, die man zu all denen hinzufügen konnte, die die Triestiner den österreichischen Behörden gespielt hatten und die längst eine Tradition in der Stadt geworden waren. Als Vergeltungsmaßnahme plünderten die Österreicher die Fabrik. Gut neun Waggons mit Maschinen und Rohmaterial wurden geraubt und in die Festung Polas gebracht.

Ettore fand sich plötzlich in einem ruhigen Haus, ohne Sorgen, ohne Verantwortung. Wir waren allein in der großen Villa, und er konnte sich wie nie zuvor und ohne Unterbrechungen dem Geigenspiel widmen. Auch seine Freunde waren verschwunden: Viele hatten Italien verlassen, andere waren in die Konzentrationslager verschleppt worden, die in den fernen österreichischen Provinzen entstanden waren. Jeden Abend trafen wir uns wie Verschworene im Café von Tergesteo mit den wenigen Zurückgebliebenen: den Familien Luzzatto, Vidali und Danieli, um uns unsere Neuigkeiten, Illusionen und Hoffnungen mitzuteilen. Joyce war in Zürich, Silvio Benco inhaftiert; die Journalisten Giulio Cesari und Riccardo Zampieri siechten in einem österreichischen Schloß zwischen den politisch Deportierten dahin. Auch Ettore drohte die Deportation. Da er im schwarzen Buch der Polizei stand, wurde er ständig bewacht wegen seiner Teilnahme am Kampf der in ihrer Nationalität bedrohten Stadt. Wie schon gesagt, war er in seiner Jugend ständiger Mitarbeiter des ›Indipendente‹ gewesen, dieser aufrührerischen Zeitung, deren Redaktion er zusammen mit anderen jungen Freiwilligen übernommen hatte, um ihre Veröffentlichung nicht zu gefährden, nachdem die österreichische Polizei alle Redakteure verhaftet hatte. 1895 hatte er die Sargbänder bei der demonstrativen Beerdigung eines irredentistischen Journalisten gehalten, der an einer Krankheit gestorben war, die er sich im österreichischen Gefängnis zugezogen hatte: der aus Gorizia

stammende Enrico Juretig. Bereits im Alter von 25 Jahren
hatte er führende Aufgaben in den kühnen Brutstätten des
triestinischen Irredentismus, in der »Lega Nazionale« sowie
in der »Società Ginnastica«, übernommen. Er war mit den
größten Vertretern des Italienertums in Triest befreundet gewesen, mit dem Gelehrten Attilio Hortis und dem Dichter
Riccardo Pitteri, Führer der »Lega Nazionale«. Ettore war
immer ein Italiener von geradlinigem Verhalten und ohne
Schwanken gewesen. Aus jedem Teil Europas war er an den
Wahltagen nach Triest zurückgekehrt, um seine Stimme für
Italien abzugeben.

Auch die Familie Veneziani war der österreichischen Polizei,
die den Namen Edoardo Veneziani auf der schwarzen Liste
hatte, des Bruders meines Vaters, Genosse Oberdans, Agita-
tor und Verschwörer von ungewöhnlicher Kühnheit, der aus
Österreich ausgewiesen worden war, verhaßt wie nie zuvor.
Zwei andere seiner Brüder, Carlo und Enrico, waren Gari-
baldiner gewesen; der erste war 1860 im Feldzug in Sizilien
verletzt worden, der zweite hatte 1867 am römischen Feldzug
teilgenommen. Ein weiterer verhaßter Name war der des
Felice Venezian, Vetter meines Vaters, Initiator und Kopf der
Bewegung der nationalen Vereinigung Triests und Istriens.
Auf die schwarze Liste war auch der Name Giacomo Venezian gesetzt worden, der mit 54 Jahren als Freiwilliger in den
Befreiungskrieg gezogen war und so eine Familientradition
fortführte, da schon ein anderer Giacomo Venezian im Jahre
1849 achtzehnjährig gefallen war, als er mit Garibaldi im
Vascello als Unteroffizier der Bersaglieri der Legione Medici
gekämpft hatte.

Die langen Auslandsaufenthalte hatten Ettore keineswegs
eine kosmopolitische Prägung gegeben. Er blieb immer und
voller Stolz Triestiner und Italiener. Deshalb wurde er oft in
das Hauptbüro der österreichischen Polizei in der Via Caser-
ma beordert; manchmal wurde er mitten in der Nacht abrupt

geweckt, bis seine geschwächten Nerven den quälenden Befragungen nachgaben. Er ertrug alles mit Ruhe, sicher in seinem Glauben. Obwohl er kein kämpferischer Charakter war, verstand er es, den Unterdrückern mit lachender Ironie und ruhiger Provokation zu antworten.

Einmal entgegnete er einem Beamten slawischer Herkunft, der ihn mit hinterlistiger Manier fragte: »Ist es wahr, daß Sie zur ›Lega Nazionale‹ gehört haben?« voller Festigkeit: »Natürlich.« »Und warum?« fuhr dieser drohend fort. »Und Sie, haben Sie zu Kyrill und Methodius gehört?« »Ja.« »Na also, das ist genau dasselbe«, schloß Ettore ruhig, wobei er den anderen, der verstummt war, fest ansah.

In dieser Atmosphäre verlief unser Leben in einer bleiernen Schwere, in ständiger Erwartung, unterbrochen nur von einigen seltenen Briefen von unseren entfernten Lieben. Meine Schwestern Nella und Fausta versuchten, uns in die Schweiz zu holen. Ettore schrieb an unsere Tochter, die schon längst durch ein Flammenmeer von uns getrennt war:

Von daheim, 10. 12. 1915
Liebste Tochter, Du hast es ja sehr eilig mit meinem Altwerden. Heute haben wir gerade den 10., und schon machst Du mich 54 Jahre alt, was ich erst am 19. werde. Ich protestiere. Es stimmt allerdings, daß diese Kriegsjahre doppelt zählen. Tausend Dank für Deine Wünsche. Der beste Wunsch wäre, diese Epoche, die schon viel zu lange dauert, rasch vorbeigehen zu sehen. Erinnerst Du Dich, wie Du nach einer Debatte von nur wenigen Minuten abgereist bist? Es wirkte wie eine Abreise in die Ferien, und statt dessen fuhrst Du in eine lange Schulzeit. Fabeln erfinde ich keine mehr. Die Wirklichkeit lenkt mich zu sehr vom Traum ab ... wenn man so sagen kann. Ich bin dabei, ein sehr seriöser Geschäftsmann zu werden. Mein Papa hat immer zu mir gesagt, ich würde mit

40 Vernunft annehmen. Er hat sich um 14 Jahre vertan. Ich hoffe um Deinetwillen, daß diese Frühreife nicht erblich ist. Bis vor zwei Wochen habe ich jeden Tag ein bißchen Geige gespielt. Dann kamen neue Sorgen, nichts Ernstes, rein geschäftliche Dinge, die nicht laufen und um die man sich kümmern muß, und so ließ ich auch das Geigenspiel sein. Heute habe ich sie besucht. Sie hat die Ruhepause dazu benutzt, sich von allen vier Saiten zu befreien, die bis aufs Blut zerkratzt waren. Nichts ist trauriger als ein Saiteninstrument ohne Saiten. Selbst der Kadaver eines Tieres ist − obwohl auch sehr traurig − noch vollständiger und lebendiger. Dazu kommt das Schlimme, daß sich die neuen Saiten einige Kilometer von hier entfernt befinden und daß man, um sie zu holen, ein Meer von Schlamm durchqueren muß. Heute abend werde ich mich entscheiden. Bei dieser Gelegenheit wollte ich auch nach Deiner Geige sehen und ob sie mir helfen könnte. Aber die muß der Notenständer gefressen haben, denn sie ist nicht mehr da; ich brachte den Bogen in Sicherheit. Siehst Du, wie achtsam und ordentlich ich jetzt bin?

Grüße mir ganz herzlich alle unsere Lieben. Ich umarme Dich von Herzen.

                                     Dein Papa.

Das Donnern der Kanonen war nahe: Hin und wieder erschienen während eines Fliegerangriffs die italienischen Flugzeuge am Himmel.

Ettore hatte sich in die Literatur vertieft. Unter dem Einfluß von Joyce hatte sein Geschmack eine neue Richtung bekommen. Der Ire, der in Swift vernarrt war, hatte ihm alles von diesem zum Lesen gegeben; Ettore verbrachte ganze Nächte über der Geschichte der englischen Literatur von Green. Er spielte viel Geige. Zu Beginn hatte er es sich verboten, sich einer kreativen Tätigkeit zu widmen, dann hatte er begonnen, seine Gedanken für ein Buch mit Erinnerungen auf zahlreichen Blättern zu sammeln, welches nie zu Ende gebracht wurde. Es waren einzelne Notizen, in denen eine Überlegung die nächste hervorrief. All diese Erinnerungen verband ein Leitgedanke, der allerdings oft unterbrochen wurde:

13. 6. 1917

Ein alter Mensch ist notgedrungen ein ordentlicher Mensch. Inzwischen muß ich, mit sechsundfünfzig Jahren, auf drei Arten von Brillen achten, und das hat mich an Ordnung gewöhnt. Daher beginne ich mein Buch der Erinnerungen von neuem, voller Zuversicht, daß ich es zu Ende führen werde. So viele Dinge und Personen, die mir so wichtig waren, sind ein für allemal gestorben, und das bekümmert mich außerordentlich! Wie blaß sind jene Dinge und jene Personen! Nichts ist übriggeblieben von ihnen als abstrakte und vielleicht falsche Begriffe. Ich selbst könnte am Ende glauben, ich sei immer so gewesen, wie ich heute bin, während ich mich doch an Haß- und Liebesgefühle erinnere, die mir heute fremd sind. Ich bin jedoch im Zweifel darüber, ob ich mich nicht wesentlich ändere, wenn ich meine Wünsche ändere. Vielleicht ist das Wesentliche die Art und Weise. Da ich jedoch so wenig aufgeschrieben habe, kann ich es nicht nachprüfen. Gewiß erinnere ich mich gern an Wünsche und heftige Abneigungen, doch weiß ich nicht mehr, ob mir die aufgezeichneten Dinge aufgrund meiner Trägheit entgingen oder ob es das Schicksal so wollte, und ob die Dinge, die ich haßte, mich bis heute begleiten, weil ich zu wehrlos war oder weil sie zu stark waren. Napoleon muß über sein Leben besser Bescheid gewußt haben, auch wenn er es erst aufzeichnete,

als sein eigentliches Leben vorbei war. Vor vier Jahren,
kurz vor dem Ersten Weltkrieg, unternahm ich eine
große Reise, die mich durch ganz Europa führte. Ich
erinnere mich, daß ich unterwegs wünschte, alle Felder
sollten gute Erträge liefern, und die Bauern in ihren
verschiedenartigsten Trachten sollten den Lohn ihrer
Arbeit ernten. Und mir schien, ich hätte etwas Groß-
artiges geleistet und Napoleon hätte mich beneiden
können. Als dann der Weltkrieg ausbrach, schmerzte
mich jede Niederlage, da ich gewiß nicht den Krieg
gebraucht hatte, um den Haß loszuwerden.

Der Krieg erreichte uns in einer seiner tragischsten Gestalten. In der Nacht des 4. Dezember 1917, eine Nacht, in der
die Bora-Winde fürchterlich wüteten, hörte man vor der Villa Veneziani eine schreckliche Explosion. Es war ein von
Luigi Rizzo abgefeuerter Torpedo, der den Anlegeplatz traf
statt des Panzerschiffes »Budapest«. Nach dem grauenhaften
Knall hörte man für einige Minuten das Geschrei verzwei-
felter Stimmen und dann eine tragische Ruhe: Es waren die
Marinesoldaten der »Wien«, die im sturmbewegten Meer er-
tranken.
Ettore, in seiner Menschlichkeit zutiefst betroffen, gab sofort
den Befehl – trotz der strengen Verdunkelungsregeln –, alle
hellen Lampen im Garten anzuzünden, um den Schiffbrüchi-
gen den Trost eines Lichtes und eines Wegweisers zu geben.
Achtzehn verwirrte, halbnackte und vor Kälte erstarrte See-
leute retteten sich in die Pförtnerstube. Sie kamen alle von
den istrianischen Küsten, und in unserem Dialekt wetterten
sie gegen die Offiziere, die sich in jener Nacht in den großen
Hotels der Stadt amüsierten. Die Rettungsmaßnahmen dau-
erten die ganze Nacht. Ettore, den das Leiden jedes Lebe-
wesens sehr traf, litt.
Seinem von Schücking und Fried beeinflußten Gefühl fol-

gend, machte er sich in jenen qualvollen Jahren an ein
humanitäres Werk, einen Plan für den universalen Frieden.
Ich weiß nicht, ob er ihn zu Ende geführt oder teilweise
zerstört hat. In seinen unveröffentlichten Schriften sind nur
wenige Spuren davon zu finden. Vielleicht hat er ihn in späteren Jahren als ein Trugbild betrachtet, nachdem das Buch
Zeno Cosini so endet:

> »Es wird eine ungeheure Explosion geben, die niemand
> mehr hören wird. Die Erde, zur Nebelform zurückge-
> kehrt, wird durch die Himmel schweifen, erlöst von
> Parasiten und Krankheiten.«

Im Jahre 1918 begann er, unterstützt von einem seiner Neffen, der Arzt war – Aurelio Finzi –, eine Übersetzung von
Freuds Werk *Die Traumdeutung*. Die Entdeckung der Psychoanalyse war ein großes Ereignis für ihn. Er blieb sein ganzes
Leben lang von ihr beeinflußt. Er selbst wollte erzählen, wie
er sie, etwa 1910, kennengelernt hatte:

> Ein Freund von mir, der Neurastheniker war, eilte nach
> Wien, um sich heilen zu lassen; die Mitteilung davon an
> mich war die einzige positive Wirkung dieser Kur. Er
> ließ sich psychoanalysieren und kehrte völlig zerstört
> von der Kur zurück, energielos wie zuvor; aber mit
> einer Abulie, nur noch verstärkt durch die Überzeu-
> gung, daß sie angeboren war und er ihr nicht zuwider-
> handeln könne. Er war es, der mich davon überzeugte,
> wie gefährlich es ist, einem Menschen zu erklären, wie
> er beschaffen sei, und jedes Mal, wenn ich ihn treffe,
> liebe ich ihn aus alter Freundschaft, aber auch aus neuer
> Dankbarkeit.

Er sagte, ihm ginge die Psychoanalyse nicht mehr aus dem
Kopf; sie schärfte seine psychologischen Untersuchungen,
aber sie hatte nur einen sehr zweitrangigen Einfluß auf seine

Werke. Es ist nicht wahr, wie er bestätigt, daß auch er sich
psychoanalytischen Kuren unterzogen hat. Er gab zu, einige
psychoanalytische Selbstversuche im Widerspruch zu Freuds
Theorie vorgenommen zu haben. Vielleicht dieselben Tests,
die sein Zeno unternommen hat, um sich vom Laster des
Rauchens zu befreien.

Die Kriegsjahre wären in einer nervenzerrüttenden Mono-
tonie verlaufen, wenn das innere Leben sie nicht erhellt hätte.
Die Fabrik war wiedereröffnet worden und arbeitete mit ver-
minderter Kraft unter der Aufsicht eines k. u. k. Kommis-
sars, der auch ihre Gelder verwaltete. Ettore hatte gegen die
Beschlagnahmung und die Nichtbezahlung der Rechnungen
protestiert und hatte die Klage gewonnen. Das Haus war von
den Familien der österreichischen Offiziere besetzt worden,
und wir lebten isoliert, eingeschlossen in unserer Wohnung,
mit dem Druck ihrer Anwesenheit. Ettore litt sehr unter der
Abwesenheit seiner Tochter; auch seine anderen Verwandten
waren weit weg: die mit Italienern verheirateten Schwestern
lebten in Florenz und Mailand; der Bruder Ottavio war bereits seit vielen Jahren in Wien. Heftige Ängste waren mit
dem tragischen Tod eines Neffen, Umbertino, Ortensias
Sohn, hinzugekommen und mit dem plötzlichen, wenn auch
nicht tragischen, Tod anderer Familienangehöriger. Am 13.
August 1918 starb in unserem Haus, wohin er gekommen
war, um Erleichterung für seine Herzbeschwerden zu finden,
mein Schwager Adolfo. Er starb wenige Wochen vor der so
sehnsüchtig erwarteten Befreiung. Als er im Sterben lag,
erzählte ihm Ettore, um ihn zu trösten, die barmherzige
Lüge, daß das italienische Heer Udine wiederbesetzt hatte.
»Zu spät für mich, zu spät . . .«, hauchte der Sterbende, der
sein ganzes Leben lang ein unbeirrbarer Patriot gewesen war.
So viele Unglücksfälle hatten dazu beigetragen, aus Ettore

Italo Svevos Eltern:
Francesco und Allegra Schmitz

Ettore Schmitz in der Schuluniform des Internats
in Segnitz bei Würzburg

Svevos Bruder Elio als Zwanzigjähriger im Jahre 1883

*Italo Svevo mit den Korrekturfahnen seines
ersten Buches* Una vita (Ein Leben);
Foto aus dem Jahre 1892, aufgenommen von Umberto Veruda

Umberto Veruda und Italo Svevo im Jahre 1895

Italo Svevo . . .

. . . und Livia Veneziani im Jahre 1895, dem Jahr ihrer Verlobung

Italo Svevo und Livia Veneziani an ihrem Hochzeitstag,
dem 30. Juli 1896

Italo Svevo mit Frau und Tochter Letizia
am 30. Juli 1900

Livia auf der Terrasse der Villa Veneziani
zur Zeit des Ersten Weltkriegs

Italo Svevo im Jahre 1926

Letizia mit ihrem Mann Antonio Fonda Savio und ihren drei Söhnen
(v. l. n. r.) Paolo, Piero und Sergio im Jahre 1942

einen Pessimisten zu machen, der sich fast mit den härtesten Schicksalsschlägen abgefunden hatte. Er erwartete immer das Schlimmste, jeden Moment darauf vorbereitet, den Schmerz zu ertragen, fast so, als ob er tief in seinem Innersten die zahlreichen, grausamen Unglücksfälle vorausgeahnt hätte, die der folgende Weltkrieg für seine geliebte Tochter bereit hielt.

Am 30. Oktober, dem Tag der Triestiner Revolution, hißten wir trotz der Anwesenheit der bei uns einquartierten Österreicher gegen Mittag die italienische Flagge an unserer Villa: Drei Jahre lang hatten wir sie in einer geheimen Abstellkammer verwahrt. In den vorangegangenen Wochen hatte Ettore mit fiebriger Ungeduld an den vorbereitenden Zusammenkünften im Haus des Abgeordneten Edoardo Gasser teilgenommen. Gast in unserer Villa war die Schwester des Feldmarschalls von Cicerich. Als sie auf die Türschwelle zum Garten trat und die feindliche Fahne hochmütig im Triestiner Wind wehen sah, erblaßte sie heftigst. Mein Mann näherte sich ihr voller Liebenswürdigkeit und sagte mit einem leichten Anflug von Ironie: »Nur Mut, meine Dame: auch im Schatten der italienischen Fahne werden Sie gut schlafen.« In jenen Tagen wurde er zum Mitglied des Komitees für die öffentliche Gesundheit ernannt, und wie immer nahm er mit dem Geist des Irredentisten an den Angelegenheiten der Stadt teil.

Ende November reisten wir nach Florenz, um nach dreieinhalb Jahren der Trennung unsere Tochter Letizia wieder in die Arme zu schließen. Wir wagten die Seereise bis Venedig trotz der Gefahr der Seeminen, so groß war unsere Ungeduld! Wir fanden eine blaße und abgezehrte Letizia vor, gerade von der Spanischen Grippe genesen. Aus dem Mädchen war eine Frau geworden, gereift durch drei Jahre voller Angst und Kummer. Wir trafen auch Tony Fonda, ihren Verlobten, der auf dem Karst und in Venetien gekämpft hatte und mit zwanzig Jahren zum Hauptmann ernannt worden war. Die Treffen und die Erzählungen nahmen kein Ende. Ettore wollte einen kurzen Besuch in Mailand machen, um seine Neffen und Nichten zu sehen, die Kinder seiner Schwester Paola. Wir kehrten alle nach Triest zurück, und am ersten Weihnachtsfest des Friedens feierten wir die Verlobung Letizias.

Nach Kriegsende fand sich die große, in ganz Europa zerstreute Familie der Olga Veneziani langsam wieder zusammen. Meine Eltern waren aus London zurückgekehrt, meine Schwestern aus Zürich und Florenz und meine Nichten und Neffen aus Bulgarien. Die Mädchen waren zu Frauen herangewachsen, die Jungen hatten gelitten und gekämpft. Es waren Tage voller Rührung. Die Geschäfte waren wieder in vollem Gange, aber Ettore hatte sich endgültig der Schriftstellerei verschrieben. Als sein Freund Giulio Cesari aus dem Konzentrationslager heimkehrte, spornte Ettore ihn an, in Triest die erste große italienische Zeitung zu gründen. Und so erschien ›La Nazione‹. Er sagte seine Mitarbeit zu und versprach, sich um die Politik zu kümmern, aber seine Feder verriet ihn: Er schrieb acht kleine Artikel und eine Satire über die Straßenbahn von Servola, die bereits zur Literatur gezählt wurden. Es folgte eine Reihe langer Eindrücke über das London der Nachkriegszeit. So erneuerte er den ersten Kontakt mit dem Publikum, das ihn noch nicht anerkannt hatte.
Am 23. April 1919 wurde in aller Einfachheit die Hochzeit Letizias mit dem Hauptmann Antonio Fonda gefeiert. Die Jungvermählten zogen bei uns ein und brachten Leben in das etwas ruhige Haus. Im Juni 1920 kam Letizias erster Sohn zur Welt, Piero. Mein Mann, der zärtliche familiäre Gefühle hegte, war gerührt über seine neue Rolle als Großvater. Er war damals 59 Jahre alt. Der Eintritt meines Schwiegersohns

in die Verwaltung der Fabrik erleichterte ihm seine Arbeit
sehr. Seit langem schon arbeitete er an seinem neuen Roman,
und tatsächlich konnte er sich im Juli 1922, als wir die Sommerferien in Poggioreale an den Steilhängen des Karsts
verbrachten, völlig der Endfassung von *Zeno Cosini* widmen.
Er schloß sich im Salon ein und schrieb den ganzen Tag auf
der Schreibmaschine. Niemand unterbrach oder störte ihn.
Er rauchte sehr viel. Wenn er aus dem Salon kam, war er
völlig in Gedanken versunken, fast abwesend. Er sprach nie
von der vollendeten Arbeit. Manchmal, sehr selten, nahm er
sie auch nachts wieder auf. Er unterbrach seine Anstrengun-
gen nur für kurze Spaziergänge in den Pinienwäldern, in
Begleitung seines Enkels Piero. Er war ein großer Freund
der Kinder, die er eingehend beobachtete, und verstand es,
aus jedem neugierigen Ausdruck, aus jeder instinktiven Bewegung die verborgene, tiefere Bedeutung zu lesen. Aus
diesen Kontakten mit dem kindlichen Gemüt schöpfte Ettore wahre Reichtümer an Erfahrungen, die in einigen seiner
noch unveröffentlichten Erzählungen zu finden sind. Er erzählte, daß Paolo, Letizias zweiter Sohn, eines Tages, als sie
zwei Karabinieri in prachtvoller und mit Federbusch ge-
schmückter Paradeuniform sahen, besorgt gefragt hatte:
»Großvater, wissen die Karabiniere, daß wir keine Diebe
sind?«

Nach der Vollendung des *Zeno* hatte er sofort das Gefühl,
eine gute Arbeit geleistet zu haben, für die er fast drei Jahre
gebraucht hatte. Die erste Fassung vernichtete er nach und
nach bei der Korrektur. Ich glaube, daß er die unveröffentlichte Fassung niemanden hat lesen lassen. Er hatte den
ersten Entwurf 1919 in nur zwei Wochen zu Papier gebracht,
nach den Artikeln für ›La Nazione‹. Je mehr seine Phantasien
Form annahmen, desto mehr verringerte sich seine Mitarbeit

an der Zeitung. Er selbst war überrascht von der Heftigkeit
der Inspiration, die ihm keine Ruhe gelassen hatte:

> Im übrigen steht fest, daß, wenn Italien nicht zu mir
> gekommen wäre, ich gar nicht auf den Gedanken ge-
> kommen wäre, schreiben zu können. Vier Monate nach
> dem Eintreffen unserer Truppen machte ich mich daran,
> meinen Roman zu schreiben. Als sei das mit 58 Jahren
> etwas ganz Natürliches. Mit der Dreistigkeit aller Be-
> freiten schien es mir, als hätte ich damit sofort das
> Wohnrecht für mich und meine armselige Sprache er-
> worben.

Der glühende Enthusiasmus, der im Rausch der Freiheit die
Herzen aller Irredentisten erfaßt hatte, hatte sich in ihm sofort in ein großes kreatives Feuer verwandelt, trotz der tiefen
Angst vor den Ausdrucksschwierigkeiten. Aber es war ihm
völlig klar, daß seine Sprache sich nicht mit Worten schmük-
ken konnte, die er nicht fühlte, die nicht zu der von ihm
gesprochenen Sprache gehörten; und die von ihm gespro-
chene Sprache war der Triestiner Dialekt.
Das Buch erschien 1923 auf Kosten des Autors im Verlag
Cappelli. Die italienische Kritik erwähnte es nur am Rande.
Die Triestiner Kritiker Benco, Pasini und d'Orazio sprachen
in den lokalen Zeitungen voller Lob davon, aber sogar Ettores Gesundheit litt unter dem italienischen Mißerfolg. Er
wurde melancholisch, und seine Herzbeschwerden verstärk-
ten sich. Er schrieb:

> Siehe, ich lache, wenn meine Kritiker aus Wohlwollen,
> weil sie mir nicht den Gefallen erweisen können, mich
> für einen großen Schriftsteller zu erklären, mich einen
> großen Finanzier und einen großen Industriellen hei-
> ßen. Ich bin weder das eine noch das andere. Ich bin nie

in die Welt der Hochfinanz eingetreten, und als Indu-
strieller bin ich zwar meiner Firma aufgrund meines
außerordentlichen Fleißes sehr nützlich gewesen, der
sich auf eine felsenfeste Entscheidung gründete, die
ihrerseits wiederum auf die ewige Dankbarkeit auf-
baute, daß mir die Industrie eine gewisse Unabhängig-
keit und einen gewissen Wohlstand gewährte.

Aber siehe da, 1925 wurde Ettores Leben plötzlich von un-
erwartetem Ruhm erhellt. Er war bereits 65 Jahre alt. Ich
entsinne mich noch genau jenes Tages im Januar. Wir saßen
alle zusammen um den großen Tisch, an den sich zu den
Mahlzeiten auch Letizias Familie mit den drei Kindern zu uns
gesellte. Zerstreut öffnete Ettore einen Brief, den er aus Paris
erhalten hatte. Er begann, ihn laut vorzulesen, und schon bei
der Anrede verschlug es ihm die Sprache. Sie lautete »Verehrter Herr und Meister«. Es war ein Schreiben voller Lob
und Zustimmung von Valery Larbaud.
Ich kann mich nicht erinnern, ihn je zuvor so glückstrahlend
gesehen zu haben. Diese große Genugtuung verdankte er
James Joyce. Der irische Schriftsteller war wie ein Glücksstern in Ettores Leben zurückgekehrt. Nach den Qualen des
Krieges hatten die beiden sich 1919 in Paris wiedergetroffen,
und jedes Mal, wenn Ettore dort auf der Durchreise war,
führte sein Weg ihn am Square Robiac vorbei, wo er immer
herzlich empfangen wurde. Joyce hatte immer noch heftige
Sehnsucht nach Triest und wäre gerne wieder dorthin gezogen. 1921 brachte Ettore ihm die Aufzeichnung der letzten
Episode des *Ulysses*, die der Schriftsteller in Triest in Verwahrung gelassen hatte. Die Notizen bestanden aus einem unge-
ordneten Haufen Papier, das einen ganzen Koffer füllte. Mit
diesem seltsamen und originellen Brief hatte Joyce meinen
Mann um diesen besonderen Gefallen gebeten:

5. Januar 1921

Boulevard Raspail 5, Paris VII

Lieber Signor Schmitz, die *Circe*-Episode ist vor einiger Zeit fertig geworden, aber vier Stenotypistinnen haben sich geweigert, sich mit ihr abzugeben. Schließlich tauchte eine fünfte auf; sie ist allerdings sehr langsam, so daß die Arbeit nicht vor Ende dieses Monats fertig sein wird. Sie wird, wie man mir sagt, 160 Seiten umfassen, Großformat. Die fast beendete *Emäus*-Episode wird auch gegen Ende des Monats fertig sein. Nach dem von meinem New Yorker Anwalt aufgestellten Plan wird *Ulysses* dort, so Gott will, um den 15. Juni herum als Privatdruck herauskommen, in einer auf 1500 Exemplare begrenzten Auflage, von der 750 für Europa bestimmt sind. Das Buch wird $ 12.50 beziehungsweise 6 Pfund Sterling kosten. Ich werde 1000 Pfund Schweigegeld erhalten! Gleichzeitig sind allerdings viele Artikel in Vorbereitung, um die Zitadelle zu stürmen. Ich weiß nicht, was dabei herauskommen wird, und es ist mir auch ziemlich gleich.

Jetzt zu den wichtigen Dingen. Ich kann hier nicht (wie ich gehofft hatte) vor Mai fort. Es ist so, daß ich seit Monaten keine Nacht vor 2 oder 3 Uhr ins Bett gekommen bin, da ich ohne Unterbrechung gearbeitet habe. Mit den Notizen, die ich hierher mitgenommen habe, um diese beiden Episoden zu schreiben, werde ich bald durch sein. In dem Viertel von Triest, in dem mein Schwager wohnt, steht das an dem Straßennamen Via Sanità und der Hausnummer 2 kenntliche Wohnhaus, genau im vierten Stock dieses Gebäudes, in dem an der Rückseite des in Frage stehenden Gebäudes gelegenen und jetzt von meinem Bruder bewohnten Schlafzimmer, von dem aus man einen Blick auf das Haus der Öffentlichen Unsicherheit hat, befindet sich eine mit

einem Gummiband verschnürte Wachstuchmappe von
der Farbe eines Nonnenbauches, deren Ausmaße ungefähr 95 auf 70 Zentimeter betragen. In dieser Mappe
habe ich die schriftlich festgehaltenen Symbole des trü-
ben Lichtes aufbewahrt, das gelegentlich durch meine
Seele schoß. Das Gesamtgewicht wird auf 4,78 kg geschätzt. Diese Notizen dringend benötigend zur Fertig-
stellung meines literarischen Werks, betitelt *Ulysses* oder
Deine Hündin von einer Mutter, wende ich mich höflichst
an Sie, verehrter Kollege, und bitte Sie, mir mitzuteilen,
ob einer Ihrer Familienangehörigen in nächster Zeit
nach Paris zu fahren gedenkt; und sollte das der Fall
sein, dann wäre ich äußerst dankbar, wenn die betreffende Person die Liebenswürdigkeit hätte, mir das auf
der Rückseite dieses Briefes angezeigte Bündel Papiere
mitzubringen.
Sollte also, lieber Signor Schmitz, jemand von Ihrer
Familie in diese Richtung reisen, würde er mir einen
großen Gefallen tun, wenn er mir das Paket mitbrächte,
das selbst für einen Mann nicht schwer ist, da es, wie Sie
wohl verstanden haben, voller Papiere ist, von denen
ich Reinschriften in Tinte und gelegentlich sogar, wenn
ich keine Feder hatte, in Bleistift angefertigt habe. Geben Sie aber acht, daß das Gummiband nicht reißt, weil
dann die Papiere in Unordnung geraten. Am besten
wäre es, einen verschließbaren Koffer zu nehmen, so
daß ihn niemand öffnen kann. Viele Artikel dieser Art
stehen bei Greinitz Neffen, gegenüber dem ›Piccolo‹,
zum Verkauf, wo mein Bruder, der Berlitz-Cul-Profes-
sor, auf seinem Wege vorbeikommt. Schreiben Sie mir
auf jeden Fall ein paar Zeilen; was ist mit Ihnen? Revoltella hat mir geschrieben, daß es unsinnig sei, die
Prüfungen für 5 fliche pro Person abzuhalten; und dann
gibt es noch die Doktoren der Revoltella. Da sollte dann

ich dorthin gehen und ihnen eine englische Aufgabe für
5 fliche stellen, aber ich habe nicht geantwortet, weil das
eine Gaunerei ist und mich außerdem Briefmarken und
Papier 3 fliche kosten würden. Wie das Geld heute steht,
bleiben mir nur 2 fliche, gerade genug, um den Zug zu
nehmen und drei Tage lang zu essen und zu trinken.
Aber was kann man erwarten?
Herzliche Grüße und entschuldigen Sie mein armes aus-
gebranntes Hirn; hin und wieder habe ich ein bißchen
Spaß. Schreiben Sie bald.

James Joyce

Aus diesem Brief kann man die Herzlichkeit erkennen, die
zwischen den beiden Schriftstellern bestand, von der auch
das große Verständnis in unglücklichen Zeiten herrührte.
Getrieben von der bitteren Idee der Feindseligkeit, von der
er glaubte, daß sie um *Zeno* entstanden war, und von einem
Gefühl der Auflehnung, hatte Ettore seinem schon berühmten Freund eine Ausgabe des Werkes geschickt und sich dabei
über den mangelnden Erfolg beklagt. Er hatte keine große
Hoffnung, erhört zu werden. Sein pessimistischer Charakter
verbot ihm jede Hoffnung. In jenen Jahren, nach der ersten
innigen Freundschaft, hatten sich die Beziehungen der beiden auf unsere kurzen Besuche in Paris und auf den Aus-
tausch von Glückwünschen zum Neuen Jahr beschränkt;
aber Joyce hatte in seinem eigenen triumphalen Erfolg den
bitteren Aufschrei des Freundes nicht überhört und ihm geantwortet:

30. Januar 1924
Lieber Freund, ich bin zum Bahnhof gegangen, aber zu der
angegebenen Zeit war kein Zug fällig (auch keiner überfäl-
lig). Ich war sehr enttäuscht. Wann kommen Sie wieder durch
Paris? Könnten Sie nicht hier über Nacht bleiben?

Vielen Dank für den Roman mit der Widmung. So habe ich jetzt zwei Exemplare, da ich eins schon in Triest bestellt hatte. Ich bin dabei, ihn mit großem Vergnügen zu lesen. Warum sind Sie entmutigt? Sie müssen wissen, daß es bei weitem Ihr bestes Buch ist. Wie es mit den italienischen Kritikern steht, weiß ich nicht. Aber lassen Sie Besprechungsexemplare schicken an M. Valery Larbaud, M. Benjamin Crémieux, Mr. T. S. Eliot, Mr. F. M. Ford.

Ich werde mit diesen Literaten über die Sache sprechen oder ihnen schreiben. Ich werde mehr schreiben können, wenn ich es zu Ende gelesen habe. Im Augenblick interessieren mich zwei Dinge: Das Thema: ich hätte nie geglaubt, daß das Rauchen einen Menschen in dieser Weise beherrschen kann. Zweitens: die Behandlung der Zeit in dem Roman. Es fehlt nicht an Witz, und mir fällt auf, daß der letzte Satz aus *Ein Mann wird älter*: › Ja, Angiolina denkt und weint etc. . . . ‹ sich in aller Stille eindrucksvoll entfaltet hat.

Viele Grüße an Signora, falls sie da ist. Ich hoffe, wir werden das Vergnügen haben, Sie über kurz wiederzusehen.

Ein Händedruck.

James Joyce

P. S. Ferner Mr. Gilbert Seldes, ›The Dial‹, New York.

Ettore war dem Rat, sein Buch an Larbaud und Crémieux zu senden, unverzüglich nachgekommen. Das Ergebnis war diese Lobeshymne:

11. Januar 1925

Verehrter Herr und Meister,

Nach Erhalt und Lektüre des *Zeno Cosini* habe ich alles mir mögliche unternommen, um dieses wunderbare Buch in Frankreich bekannt zu machen. Nur mündliche Werbung, aber sehr wirkungsvoll, wie Sie sehen werden.

Letzten Sommer wurde die Zeitschrift ›Commerce‹ gegründet, welche vierteljährlich erscheint und von unserem größten Dichter, Paul Valéry, geleitet wird, von Léon Paul Fargues, bei der Elite bekannt als einer der besten Schriftsteller der Avantgarde (sic!), und von mir; dieser Zeitschrift gelang es sofort, den ersten Platz der französischen Literaturmagazine einzunehmen. Die Idee für die Zeitschrift stammt übrigens von der Prinzessin von Bassiano, Gemahlin des Prinzen Roffredo Caetani, aus Rom, welche uns die Mittel zur Verfügung stellt und uns auch sehr nützliche Ratschläge gibt.

Vor der Gründung haben wir der Prinzessin den *Zeno Cosini* zu lesen gegeben, und jetzt, wir bereiten gerade die Ausgaben IV und V vor, wünscht sie, daß wir einige Abschnitte daraus abdrucken: zwischen 10 und 15 Seiten Ihres Buches. Wegen der Übersetzung gibt es keine Schwierigkeiten: zu unseren besten avantgardistischen Schriftstellern zählen auch drei oder vier hervorragende Übersetzer aus dem Italienischen, die bereit sind, die von uns ausgewählten Seiten zu übersetzen. Uns fehlt lediglich Ihre Genehmigung und die Ihres Verlegers Cappelli.

Ich würde gern im ›Commerce‹ einen kurzen Aufsatz über Ihr Buch schreiben, den ich später umfangreicher auch in der ›Nouvelle Revue Française‹ oder in der ›Revue Européenne‹ veröffentlichen möchte. Aber ich kenne Ihre anderen Bücher nicht und habe diese letzten Sommer vergeblich in Bologna und Florenz gesucht. Daher wäre ich Ihnen sehr verbunden, wenn Sie die Güte hätten, mir diese beiden Werke zu schicken. Unser Freund James Joyce mußte sich, wie Sie sicherlich wissen, einer weiteren Augenoperation unterziehen, und jetzt geht es ihm gut und er arbeitet.

Ich bitte Sie, meine vielen Fragen zu entschuldigen und mir zu glauben, verehrter Herr und Meister,
Ihr ergebener Bewunderer,

Valery Larbaud

Voller Bangen sandte Ettore ihm umgehend *Ein Mann wird älter* und *Ein Leben*. Nachdem er beide Romane gelesen hatte, schrieb ihm der französische Schriftsteller:

20. Februar 1925

Verehrter Herr und Meister,
Ich schreibe nach dem Diktat von Herrn Valerio Larbaud. Ich erhielt Ihren Brief vom 16. Verzeihen Sie mir, daß ich nicht sofort auf Ihr erstes Schreiben geantwortet habe. Ich war zu sehr in Anspruch genommen. Ich danke Ihnen für die beiden Bücher.
Wegen des Vorhabens, das ich Ihnen angekündigt hatte, sind wir dabei, eine Kampagne für Sie vorzubereiten. Vielleicht beginnen wir diesen Sommer mit einem Artikel in einer italienischen Zeitung.
Dann werden wir für die fünfte ›Commerce‹-Ausgabe, die im Oktober dieses Jahres erscheint, einige Seiten in französischer Übersetzung bringen. Von *Ein Mann wird älter* sind dies die Seiten 162–172, die ich diversen Freunden vorgelesen habe und die mit großem Beifall aufgenommen wurden, wobei jemand sogar den Namen Marcel Proust erwähnte.
Aus *Zeno Cosini* haben wir die Seiten 16–36 und 477–496 gewählt. Ob wir aus *Ein Leben*, das gerade einer meiner Freunde liest, auch etwas bringen, weiß ich noch nicht. Vielleicht ändern wir diese Auswahl noch, und vielleicht geben wir den ausgesuchten Seiten auch eigene Überschriften (aber in Klammern). Der Titel *Ein Mann wird älter* erscheint uns wenig geeignet für den Roman, und wenn das ganze Buch ins Französische übersetzt werden sollte, wäre es wahrscheinlich besser, es *Emilio Brentani* zu nennen. Ungeduldig warten wir darauf, mit der Kampagne zu beginnen, aber jeder von uns hat so viel zu tun, daß die Dinge nicht so schnell vorangehen, wie wir dies gerne hätten; aber Ihr Name ist bei den besten jungen Schriftstellern hier in aller Munde. Der Rest wird folgen.

Glauben Sie mir, verehrter Herr und Meister, Ihr ergebener
Bewunderer

                              Valery Larbaud

Ettores Antwort auf diese Briefe bewahre ich noch immer
auf, sie gehört zu den wenigen Schriften aus jener Zeit, die
noch existieren:

> Wenn Sie wüßten, wie grundlegend Ihre beiden Briefe
> mein Leben verändert haben. Ich habe *Ein Mann wird
> älter* wieder gelesen, und ich sehe jetzt das Buch, das als
> Niete zu betrachten ich mich abgefunden hatte, in dem
> Licht, das ihm durch Ihr Urteil verliehen wurde. Ich habe
> *Ein Leben* wieder gelesen. James Joyce sagte immer, in
> der Feder eines Mannes stecke nur ein einziger Roman
> (damals hatte er an den *Ulysses* noch nicht einmal ge-
> dacht), und wenn man mehrere schreibe, bleibe es doch
> immer der gleiche, mehr oder weniger abgewandelt. In
> diesem Fall aber wäre mein einziger Roman *Ein Leben*.
> Nur ist er so schlecht geschrieben, daß ich ihn neu schrei-
> ben müßte. Und ob ich für diese Arbeit noch die Zeit und
> die Gesundheit haben werde, weiß ich nicht.
> Dennoch habe ich nun ein intensiveres Gefühl für mein
> Leben und meine Vergangenheit, und dafür danke ich
> Ihnen.
> Ich widme mich weiteren Lektüren. Ich habe mir auch
> die *Suche nach der verlorenen Zeit* von Proust besorgt. Es ist
> interessant, mich über die französische Literatur zu in-
> formieren. Sie wissen, daß wir uns während des Kriegs
> in Triest außerhalb der zivilisierten Welt befanden. Aus
> diesem Grund war der letzte Name, der mich aus Ihrem
> Land erreicht hat, Anatole France. Aber ich habe über-
> haupt den Eindruck, daß man jetzt in Italien Ihre
> Produktion weniger kennt als früher. Ich weiß, daß uns

in meiner Jugend ein in Paris veröffentlichtes Buch nach
ein paar Stunden erreicht hat. Jetzt gibt es die ersten
Goncourts (z. B. *Rabevel*), die gut gehen. Die Einwände,
die man gegen Proust erhebt, werden ihm den Zugang
zum Publikum nicht verwehren können. Im Grunde
sind es die gleichen Einwände, die Zola hätten schaden
müssen. Aber der hatte das Glück, in Italien einen Kritiker von der Stärke und dem Ansehen eines Francesco
de Sanctis zu finden. Unser Kritiker Borgese hat vor
kurzem erklärt, er wolle die Kritik aufgeben, um Romane zu schreiben. Mag sein, daß er demnächst . . .

Unterdessen nützten wir im Frühjahr 1925 unsere üblichen
Geschäftsreisen nach London zu einem Aufenthalt in Paris,
um die beiden berühmten französischen Literaten persönlich
kennenzulernen, die sich für den Fall Svevo interessierten.
Joyce arrangierte ein Abendessen in einem Restaurant nahe
des Gare Montparnasse. Auch ein junger französischer
Schriftsteller nahm daran teil, Nino Frank. Mein Mann, der
ohnehin gesellig war und alle mit einer zuvorkommenden
Sanftmut behandelte, verstand sich auf Anhieb mit den
neuen Freunden, deren Bewunderung uns selbst erstaunte.
An diesem Abend sprach er wie in einem leichten Rausch. Er
liebte es, wenn man ihm zuhörte, besonders, wenn seine
Gesprächspartner ihm ebenbürtig waren.
Für den nächsten Abend wurden wir in einen der vornehm-
sten Literatensalons eingeladen, zur Prinzessin Bassiano Caetani, die den ›Commerce‹ förderte, in ihre Villa in Versailles,
die ›Villa Romana‹. Auch Larbaud und Crémieux waren gekommen. In der langen und anregenden Unterhaltung deutete Ettore etwas von einer Novelle an, an der er gerade
arbeitete. Es muß sich wohl um die Erzählung gehandelt
haben, die später den Titel *Kurze sentimentale Reise* erhielt.

Während dieses außergewöhnlichen und glücklichen Aufenthaltes lernten wir auch Crémieuxs Ehefrau kennen. Sie war eine Frau von einer hervorstechenden und großen Intelligenz. Aus Korsika stammend, hatte sie in Florenz studiert und sprach Italienisch mit Akzent, aber perfekter Ausdrucksweise. Wir trafen uns jeden Tag entweder in ihrem Salon oder irgendwo zum Mittagessen. Die lebhafte Sympathie zwischen ihr und Ettore verwandelte sich bald in Freundschaft. So entstand ein langer Briefwechsel zwischen den beiden, der erst mit seinem Tod beendet wurde. Ihr vertraute er auch die Gefühle an, die er vor den anderen lieber verbarg, und, immer voller Zweifel, schöpfte er aus dieser liebenswerten Quelle Trost und Kraft.

Von Paris aus begaben wir uns nach London, wo Ettore der folgende Brief Larbauds erreichte, der an der Übersetzung einiger Kapitel aus *Ein Mann wird älter* arbeitete:

Valbois par Saint Pourcain-sur-Sioule (Allier)
                                          den 24. Juni 1925
Sehr geehrter Herr,
Sie sprechen und schreiben so gut Französisch, daß ich mich schämen würde, Ihnen auf Italienisch zu schreiben. Ich habe hier Ihren Brief aus London erhalten. Ich werde auf Ihrer Rückreise nicht in Paris sein und bedaure dies zutiefst. Ich habe zu viel liegengebliebene Arbeit zu beenden, und aus diesem Grunde habe ich mich hier in dieses einsame Landhaus zurückgezogen. Mein Urlaub beginnt Ende nächsten Monats. Zuerst fahre ich nach Genua, dann nach Elba, aber ich weiß weder, wie lange ich dort bleibe, noch, was ich danach mache. Ah! Wenn ich doch nach Triest kommen könnte. Vielleicht.
Hier die beiden venezianischen (?) Ausdrücke, die mir Schwierigkeiten machen und die ich Sie bitte, mir genau zu erklären, und vielleicht wäre es ja besser, diese Ausdrücke in

meiner Übersetzung so zu lassen – aber ich würde gern ihre
genaue Bedeutung kennen.

Dies ist am Ende der Seite 157:

»Er litt, wenn sie sich beim Nachdenken mit männlicher
Geste ins Haar griff, wenn sie, um Erstaunen auszudrücken,
O, la balena! ausrief – oder, wenn sie bemerkte, daß er traurig
war, wissen wollte: – Bist du heute *invelenao?*«

Den zweiten glaube ich erraten zu haben; der erste ist schwieriger. Und welches französische Equivalent soll man dann
finden? Am liebsten würde ich – aber bitte teilen Sie mir Ihre
Meinung mit, und ich richte mich danach – diese beiden
Ausdrücke im Original lassen und sie mit einer Fußnote erklären.

Ich bin im Begriff, den *Ulysses* zu übersetzen – einer der
Gründe, und zwar der Hauptgrund dafür, daß ich mit meiner
Arbeit in Verzug bin. Bei meiner Abreise von hier werden
etwa die ersten 200 Seiten fertig sein – und ebenso die Passage
aus *Ein Mann wird älter.*

Auf Wiedersehen, mein lieber Herr, es hat mich sehr gefreut,
Ihre Bekanntschaft gemacht zu haben, und ich werde wirk-
lich alles tun, was in meiner Macht steht, um Ihnen einen
Besuch in Triest abzustatten. Ich bitte Sie, meine Hochach-
tung an Frau Schmitz zu übermitteln und mir zu glauben,
Ihr Bewunderer und ergebener Übersetzer,

                                                    V. Larbaud

Voller Dankbarkeit antwortete Ettore ihm sofort aus London:

                                        London, 26. Juni 1925
Sehr geehrter Monsieur Larbaud,
Ich erhielt Ihren sehr lieben Brief vom 24. Es gefällt mir,
daß Sie mir auf Französisch schreiben, weil mir so Ihr
Ausdruck authentisch scheint. Ich kenne auch die

schmerzlichen Zweifel, von denen man befallen wird, wenn man in einer fremden Sprache schreibt. Meinen letzten Brief an Sie verfaßte ich auf Französisch. Zu jener Zeit las ich einige französische Bücher und mußte zu meinem großen Bedauern feststellen, daß ich Ihnen einige Akzente zuviel geschickt hatte. Ich rannte zur Post, um sie zurückzuholen, aber der Brief war bereits auf dem Weg.

O, la balena. Als Sie mir sagten, daß Ihnen einige Worte Schwierigkeiten machten, dachte ich sofort an jenen großartigen und leider wehrlosen Walfisch (er ist es wirklich), den man anrufen kann, wenn man erstaunt ist über den Anblick eines sehr großen Gegenstandes. Da ich nicht sicher war, Ihnen direkt einen Brief zukommen lassen zu können, schrieb ich an Herrn Crémieux mit der Bitte, meine Erklärungen abzuschreiben oder Ihre Rückkehr nach Paris abzuwarten, um sie Ihnen mitzuteilen.

Das Schlimme ist, daß ich feststellen mußte, daß dieser Ausruf zur Zeit nicht einmal in Venedig gebraucht wird. Aber ich hatte ihn aus venezianischem Munde. Kurz bevor ich *Ein Mann wird älter* geschrieben habe, war ich für einige Tage, die ich in der Gesellschaft venezianischer Maler verbrachte, in Venedig. Der Walfisch schwamm in aller Munde. Aber jetzt glaube ich, daß der einzige Italiener, der diesen Ausdruck benutzt, ich selbst bin. Dies ist ein Mißgeschick, das passieren kann, wenn man ein Buch wieder liest, das vor dreißig Jahren geschrieben worden ist, und man es mit einem venezianischen Ausdruck zu tun hat.

Der venezianische Dialekt wird nur von zweihundertvierzigtausend Personen gesprochen (die anderen Venezianer sprechen kein Venezianisch) und ist eine lebendige und frische Sprache, die nicht von Akademien und

Wörterbüchern gezähmt wird. Die Sprache kommt und geht in dem kleinen Landstrich, der von einem sentimentalen Völkchen bewohnt wird, heiter und bissig, das viele Worte macht, und ich wette, daß die Venezianer behaupten, daß nie ein Walfisch durch die Lagune geschwommen ist.

Invelenao! Ein Triestiner, der auch Venezianer ist, würde dieses Wort nie für *vergiftet* gebrauchen und ebensowenig im Sinn von *gereizt* oder *wütend*, wie es in Venedig alle tun. Ich habe nicht die geringste Idee, wie man diese beiden Ausdrücke übersetzen könnte, und verlasse mich vertrauensvoll auf Sie.

In einer Woche werde ich hier abreisen und zwei oder drei Tage in Paris bleiben. Dann fahre ich zu einer dreiwöchigen Kur, die ich dringend nötig habe, nach Gleichenberg (Österreich). In der zweiten Augusthälfte bin ich wieder in Triest. Ich wäre glücklich, wenn Sie sich entschließen würden, uns zu besuchen. Ich mache schon Pläne, was ich Ihnen alles zeigen werde, wovon ich sicher bin, daß es Ihnen gefallen wird, denn gewiß kenne ich Sie zu diesem Zeitpunkt besser, als Sie denken. Meine Frau dankt Ihnen für Ihre höflichen Grüße und bittet mich, Sie ebenfalls zu grüßen.

Ich weiß nicht, wie ich Ihnen meine Dankbarkeit ausdrücken soll für das, was Sie für mich und meine armseligen Romane tun. Ich sehe Sie vor mir in der Einsamkeit, mit dem alten Buch, dem Sie neues Leben und Glanz schenken, wobei Sie Ihre Zeit opfern, die für Ihr eigenes Werk so wertvoll sein könnte. Danke.
Ihr ergebenster   Ettore Schmitz

Glücklich und voller neuer Eindrücke kehrten wir nach Triest zurück.
Und hier lebte Ettore, auch wenn ihn sein gewohntes Trie-

stiner Leben wieder hatte, mit seinem Herzen in Paris. Er
schrieb an Frau Crémieux:

> Villa Veneziani, Triest 10
> 28. November 1925
>
> Sehr verehrte gnädige Frau und liebe Freundin,
> Ihr Brief vom 21. löste in mir, wie immer, gerührte
> Dankbarkeit aus. Ich mußte dieser Tage an Joyce schrei-
> ben, der mir mitgeteilt hatte (der Ärmste), daß er sich
> zum siebtenmal einer Augenoperation unterziehen
> müsse, und als ich ihm von meinen Angelegenheiten
> erzählte, berichtete ich ihm auch, ich hätte mich wegen
> eines Rates an die so liebenswürdige Frau Crémieux
> gewandt, die einzige Bewohnerin von Paris, die einen
> täglichen Postdienst zur Verfügung habe.
> Durch Ihre Worte völlig beruhigt, folgte ich sogleich
> Ihrem Rat und nahm Prezzolinis Vorschlag an. Ich muß
> gestehen, daß ich gegen Prezzolini, vor dessen Bildung
> und Talent ich zwar eine Verbeugung mache, ein wenig
> Groll hege, weil er in einer Veröffentlichung behauptet
> hat, angesichts der Tatsache, daß es in Italien völlig an
> Kritik fehle, könnten nur die Besten nach oben kom-
> men. Und er schickte an den namenlosen Unglücks-
> wurm noch eine weitere Ohrfeige. Aber so bestünden
> doch im Lande der Zulus noch weit günstigere Vor-
> aussetzungen für die Hervorbringung guter Schrift-
> steller.
> Ihr unvergeßlicher Salon, der nur durch eine Fotografie
> von Pirandello verdüstert wird (ihm habe ich vor vier
> Monaten geschrieben und meinen Roman geschickt,
> ohne daß er sich dazu herbeigelassen hätte, mir zu ant-
> worten, und daher kann ich ihn nicht leiden, denn es
> genügt nicht, Meisterwerke zu schreiben, sondern man
> muß auch *Zeno Cosini* verstehen), dieser Salon spielt die

wichtigste Rolle in meinem Glück, das mir bereits vollkommen erscheint, und ich werde ihn nie vergessen. Es
ist nicht sehr wahrscheinlich, daß ich in nächster Zeit
wieder über Paris komme, denn in der Firma ist man der
Ansicht, ich sei zu alt, um mich mit den Angelsachsen
herumzuschlagen. Ich wäre froh darüber, wenn ich
nicht auf diese Weise der Möglichkeit beraubt würde,
Ihnen persönlich zu danken für alles, was Sie für mich
tun wollten und konnten. Sie waren die einzige, die nie
schwankend wurde und die es auch nie für nötig hielt,
ein Wort über die Zweifel an der Geeignetheit meiner
Sprache zu verlieren. Jetzt, da Prezzolini gelesen und
nicht protestiert hat, schlafe ich wieder einen ruhigen
Schlaf.

Falls der ›Navire d'Argent‹ seinem Namen Ehre macht,
kann ich mich (vielleicht) von meinen vielen Verpflichtungen gegenüber der Unterwassermalerei befreien.
Denn damit man in meiner Familie (ich spreche nicht
von meiner Frau) an die Literatur glaubt, müßte man
Geld sehen. Und dann würde ich auch die Zeit finden,
um meine Sprache ein wenig zu pflegen. Einstweilen
ruht die riesenlange Schlange, von der ich Ihnen schrieb
(sie hat den Titel *Kurze sentimentale Reise*), zusammenge-
ringelt in einer Schublade. Der Jahresabschluß naht,
und ich verbringe meine ganzen Tage im Büro.

Schön wäre es, Sie als Literat besuchen zu können. Nach
Paris zu kommen und am Bahnhof die Musikkapelle
vorzufinden! Dann ein paar Monate in der großen Stadt
zu leben, um sie zu fühlen und zu schmecken, fern vom
großen Strom der Fremden, in dem wir uns für gewöhnlich aufhalten. Doch nicht auf lange! Während ich Ihnen
schreibe, scheint draußen hell und strahlend die Sonne.
Es ist kalt, aber das macht die Luft noch klarer. Deshalb
denke ich manchmal, anstatt mich nach Paris zu schaf-

fen, sollte man lieber Sie nach Triest transportieren. Wann wird sich Herr Crémieux freimachen? Um nach Belieben herumzureisen und um nützliche Dinge zu schreiben wie über *Zeno Cosini?*

Meine Frau schließt sich meinen Grüßen und Wünschen an. Wenn Sie wüßten, wie oft wir von Ihnen und den Ihren sprechen, einschließlich des kleinen Crémieux, den wir nur ganz kurz gesehen haben.

Ihr sehr ergebener   Ettore Schmitz

In jenem Winter kehrten wir nach London zurück und fuhren über Paris, wo wir die Bekanntschaft von Mademoiselle Monnier machten, Direktorin des ›Navire d'Argent‹, die Zeitschrift, die den ›Commerce‹ in der Einführung des triestinischen Schriftstellers ablösen sollte. Es wurde uns versprochen, daß eine ganze Ausgabe dem Werk Italo Svevos gewidmet werden solle.

Und tatsächlich erhielten wir, während wir in unserem Häuschen in London waren, eines Tages, gegen Mittag, eine französische Zeitung. Es war ›L'Avenir‹ vom 27. Januar 1926. Sie enthielt einen kleinen Artikel von Léon Treich, der die Publikation des ›Navire d'Argent‹ ankündigte, wo Svevo als der neue Stern der italienischen Literatur ausgerufen wurde, wobei man ihn »den italienischen Proust« nannte. Ettore war noch im Badezimmer. Voller freudiger Überraschung rief ich lauthals nach ihm. Noch im Bademantel kam er aus dem Bad gestürzt, und ich sah ihn vor leuchtender, fast schon naiver Freude erstrahlen. Dies war das erste Echo, das sein Werk auf der Welt hervorrief, es war die erste der unzähligen Rezensionen, die in den nächsten Jahren auf allen Kontinenten und in allen Sprachen folgen sollten.

Nachdem wir London verlassen hatten, machten wir in Paris halt, um die Veröffentlichung der Zeitschrift abzuwarten. Jeden Tag trafen wir uns mit unseren lieben französischen Freunden. Und endlich, in den ersten Februartagen 1926, erschien das sehnsüchtig erwartete Heft: Es enthielt eine Abhandlung von Crémieux über die drei Romane und die Übersetzungen einiger Kapitel aus *Zeno Cosini* und *Ein Mann wird älter* von Larbaud und Crémieux. Glücklich kehrte Ettore mit den Exemplaren der Zeitschrift nach Triest zurück; ungeduldig darauf, sie den Freunden zu zeigen, sie in seiner Umgebung herumzureichen, die ihm so viel bedeutete. Dies war wie eine geheime Vergeltung dafür, daß er endlich anerkannt wurde. Voller Bangen wartete er auch auf die Reaktion der italienischen Kritik über die Entdeckung. Sie war ihm sehr wichtig, und er erkannte eine gewisse Berechtigung der Kritik insoweit an, daß es ihn sogar quälte, weil er sein Werk nicht noch mal neu schreiben konnte. Auf unserer Rückreise fuhren wir über Mailand, wo er das ›Eco della Stampa‹ abonnieren wollte. Am Ausgang des Verlagshauses wurde er von einer Gruppe junger Literaten umringt. Ihr Anführer war Eugenio Montale, der ligurische Dichter, der Ettore als erster einen ausführlichen Aufsatz in der Zeitschrift ›L'Esame‹ (November/Dezember 1925) gewidmet und die Italiener auf ihn aufmerksam gemacht hatte. Die anderen waren Lodovici, Somaré, Giansiro Ferrata, der Sohn des Malers Tallone, Leo Ferrero. »Sind Sie Italo Svevo?« fragten sie ihn und ließen ihn hochleben. Im ersten Augenblick war Ettore sprachlos, wie betäubt; er wußte nicht, was er antworten sollte. Seine Bescheidenheit war so groß, daß ihn die Bewunderungsbezeugungen einschüchterten. Als sein Ruhm wuchs, mied er diese Begegnungen zunehmend. Auf einer Reise im Jahre 1927 sagte er zu mir: »Und kein Wort mehr von Italo Svevo.«

In Triest verursachte die literarische Neuheit nur mäßiges Interesse. Wie schon erwähnt, freuten sich besonders die beiden Triestiner Kritiker Silvio Benco und Ferdinando Pasini, die einzigen, die bei Erscheinen des Buches dessen Wert und tiefere Bedeutung erkannt hatten. Auch die kleine, sehr isoliert lebende Gruppe Intellektueller interessierte sich für die Neuerscheinung; die gebildete Mittelschicht blieb gleichgültig: Die Schicht der Geschäftsleute sah in Ettore weiterhin eher den Industriellen, der sich in Literatur versuchte, als den Schriftsteller. Er war kein populärer Schriftsteller, und naiv beklagte er sich darüber.

Obwohl die alten Zweifel wieder auftauchten und ihn quälten, befand er sich in einer Art Freudentaumel. Er war von dieser neuen Daseinsform geradezu überrannt worden und gestand seine große Genugtuung offen ein. Um seine Bücher machte sich jetzt wachsendes Interesse von Kritikern und Verlegern breit. Er erhielt Briefe von Unbekannten. Junge Literaten und Kritiker suchten seine Freundschaft. In der Mauer um sein Privatleben hatte sich ein Tor zum öffentlichen Leben aufgetan. Voller Enthusiasmus hatte er begonnen, die junge italienische Literatur zu entdecken. Ab und zu war er wie vernarrt in einen Autor. Er las alles von ihm, sprach viel über ihn, und wenn es möglich war, begann er einen Briefwechsel mit ihm. So herrschte eine ganze Zeitlang die Epoche von Pea. D'Annunzio dagegen ertrug er nicht. Als wir 1927 Gäste bei Signora Marangoni in Florenz waren, fanden wir an der Tür der Wohnung eine Tafel mit der Inschrift: »Svevo Club«. Und dort lernten wir Arturo Loria, Elio Vittorini, Raffaello Franchi, Bonsanti und Eugenio Montale kennen. Ettore empfing sie alle voller Sympathie, hörte ihnen mit Begeisterung zu und interessierte sich für ihre Arbeiten, ihre Stilprobleme, ihre Art und Weise, das Leben zu deuten. In Triest verkehrte er im »Café Garibaldi«, wo jeden Abend die Triestiner Künstler zusammenkamen,

Männer von großem Wert wie Umberto Saba, Virgilio Giot-
ti, Giani Stuparich, der Maler Bolaffio, der Bildhauer Rovan.
Von all diesen verweilte er besonders gern mit dem jungen
Bobby Bazlen, der einer seiner ersten gelehrten Leser war. In
diesem Kreise vertiefte Ettore seine originellen Interpreta-
tionen der Welt und des Lebens. So beschreibt Giani Stuparich diese Abende der Künstler Triests:

Italo Svevo verstand es mit seiner lebhaften und geistreichen
Geselligkeit, unsere kleine Gesellschaft zusammenzuführen.
Eine allgemeine Herzlichkeit entstand, die ohne ihn in kleine
Grüppchen und schweigende Anwesende zerfiel. Mit seiner
weltmännischen Offenheit eröffnete er die Konversation
und beendete sie mit diesem gutmütigen eigentümlichen
Lächeln.
Egal ob er über London oder über Florenz sprach, sein Ton-
fall war immer der triestinische; in ihm erkannten wir uns alle
wieder. Egal ob man über Dichtung, über Erzählkunst oder
über bildende Künste sprach, er machte immer seine wohl-
überlegten Bemerkungen; aber besonders liebte er es, über
die Menschen zu sprechen, ihre seelische Verfassung zu deuten, wobei er immer bei seiner eigenen Person begann und
seine menschliche Natur voller redseliger und tiefer Spontaneität entblößte, angefangen bei dem schrecklichen, zu allen
respektlosen Kind bis zum wissenden Alten voller sokrati-
scher Feinheit. Svevo gelang es sogar, Saba zu erobern.

Am widerwilligsten erkannten die italienischen Kritiker und
Verleger seine Bedeutung an, eine Tatsache, die in ihm großes
Erstaunen und einen gewissen Kummer weckte. Auf den
Vorschlag, *Ein Mann wird älter* neu aufzulegen, reagierte Tre-
ves ablehnend. Unduldsam gegenüber Verzögerungen, hatte
Ettore auf eine endgültige Entscheidung gedrängt:

Ich glaube, daß ich mich zu Recht gekränkt fühlen darf
von der Art und Weise, in der mich Ihre verehrte Firma
behandelt. Anfang März empfing mich freundlicher-
weise Herr Dall'Oro, welcher mir versprach, mich
schon wenige Tage später bezüglich einer eventuellen
Entscheidung der Firma Treves für die Veröffentlichung
meines Romanes *Ein Mann wird älter* zu benachrichtigen. Nachdem ich kein derartiges Schreiben erhielt,
unternahm ich Ende April eine zweite Reise nach Mailand. Herr Dall'Oro, der überaus höflich war, forderte
mich auf, ihm unbedingt noch eine zweite Ausgabe von
Ein Mann wird älter, versehen mit den Korrekturen, die
ich für nötig hielt, zu schicken; und er versprach mir bis
zum 15. Mai eine endgültige Antwort. Nach Triest zurückgekehrt, begann ich unverzüglich zu arbeiten, um
Ihnen schnellstmöglich ein solches Exemplar übersen-
den zu können. Ich bin 65 Jahre alt und habe keine Zeit
zu verlieren. Schon nach wenigen Tagen schickte ich
den Roman (und ein Vorwort zur zweiten Auflage) per
Einschreiben an Sie. Bis heute habe ich noch keine Antwort erhalten.

Wenn bei Eintreffen dieses Schreibens immer noch keine Entscheidung gefallen und wenn der Verlag Treves
von anderen Arbeiten in Anspruch genommen sein sollte und in der nächsten Zeit die Wiederauflage meines
Romans nicht vornehmen könnte, müßte ich zu meinem
größten Bedauern auf die Veröffentlichung durch Ihr
Verlagshaus verzichten. Würden Sie bitte die verbesserte
Fassung samt Vorwort gegen Empfangsbestätigung an
die Direktion des ›Esame‹, Via Brera 7, aushändigen.
Diese korrigierte Ausgabe besitzt einen gewissen Wert
für mich, und ich möchte nicht gezwungen sein, das
Buch erneut zu redigieren.

Es wäre dann nicht nötig, mich zu benachrichtigen,

denn ohne Zweifel wird es die Direktion des ›Esame‹
nicht versäumen, mich vom Erhalt des Buches zu
unterrichten.

Wie ich bereits zu Herrn Dall'Oro sagte, kann ich nicht
länger warten, und wenn die Verlagsanstalt Treves an-
derweitig verpflichtet sein sollte, genügt es, daß Sie
nicht auf dieses Schreiben antworten.

Ihr ergebener   Italo Svevo

Dies war die Antwort vom 6. Juli 1926:

Sehr verehrter Herr,
Auf Ihren Wunsch reichen wir Ihnen hiermit das korrigierte
Exemplar von *Ein Mann wird älter*, zusammen mit dem Vorwort, zurück. Der von Herrn Prezzolini so lebhaft unter-
stützte Vorschlag einer Neuausgabe dieses Buches erreichte
uns – wie Ihnen bereits mitgeteilt wurde – zu einem für die
Übernahme neuer Verpflichtungen äußerst ungünstigen
Zeitpunkt, angesichts der Krise, die nach dem Tod unseres
geschätzten Commendatore Beltrami in der Verlagsleitung
eingetreten war, und da sich diese Krise aus verschiedenen
Gründen länger, als vorauszusehen war, hinzog. Nunmehr
hat der neue Leiter, als er sein Amt übernahm und die lau-
fenden Projekte sowie die noch anstehenden Verpflichtungen
überprüfte, festgestellt, daß wir damit auf über drei Jahre
völlig ausgelastet sind – ganz abgesehen von den neuen Arbeiten, die seitens der Autoren, welche bereits durch Vertrag
oder freundschaftliche Gepflogenheit an unseren Verlag gebunden sind, unweigerlich noch auf uns zukommen. Im
übrigen kann die Produktion, die durch die allgemeine Krise
im Buchhandel schon seit geraumer Zeit zurückgegangen ist,
auch nicht ausgeweitet werden, da der Markt, zögernd und
träge, wie er ist, nichts mehr aufnimmt und alles, was über ein
gewisses Maß hinausgeht, zurückweist. Dies alles beden-

kend, und obwohl wir den einzigartigen Wert einer literarischen Leistung anerkennen, die zu ihrer Zeit mehr Glück
verdient hätte, sehen wir uns auf Grund der ungünstigen
Umstände nicht in der Lage, einen solchen Versuch einer
erneuten Durchsetzung zu unternehmen: denn sofern wir ihn
unternehmen sollten, möchten wir das nicht für einen einzigen Band tun, sondern für Ihr gesamtes Werk. In dem
Bedauern, Ihnen keinen günstigeren Bescheid geben zu können, und mit der Bitte, die Verzögerung (die vor allem dem
lebhaften Wunsch zuzuschreiben ist, Ihnen einen anderen
Bescheid zukommen zu lassen) zu entschuldigen, sind wir,
mit hochachtungsvoller Bewunderung

Die Direktion: O. Dall'Oro

So beendete Ettore mit einer gewissen Bitterkeit die Verhandlungen:

> Ich erhielt Ihr geschätztes Schreiben vom 6. dieses Mo-
> nats, das ich so verstehe: Die nächsten drei Jahre sind
> Sie verpflichtet und können sich nicht um die Veröffent-
> lichung meines Buches kümmern. Andererseits würden
> Sie am liebsten nicht nur einen Roman von mir, sondern
> alle meine Werke verlegen. Dies wäre einfach, wenn es
> sofort geschehen könnte. Unmöglich dagegen, wenn
> ich gezwungen wäre, drei Jahre darauf zu warten. Sollte
> ich in drei Jahren noch am Leben sein, werde ich dann
> verständlicherweise nicht mehr in der Lage sein, Ihnen
> meine Mitarbeit für eine derartige Arbeit anzubieten,
> und diese Mitarbeit ist unerläßlich. Und dann, man
> spricht zur Zeit von mir. Ich bin nicht so anmaßend, mir
> einzubilden, daß es in Italien keinen jungen Schrift-
> steller gäbe, der mich ersetzen könnte.
> Ich habe Ihnen bereits angeboten, mich an den Kosten
> für die Veröffentlichung von *Ein Mann wird älter* zu

beteiligen, dem Roman, der in Italien das größte Interesse geweckt zu haben scheint. Sie lehnten ab. Es gibt
also für mich nicht die geringste Möglichkeit, mir in
Ihrem geschätzten Hause den Platz zu erobern, nach
dem ich strebe. Ich danke Ihnen für die Rückgabe der
von mir korrigierten Ausgabe von *Ein Mann wird älter*.
Mit äußerster Hochachtung,
Ihr sehr ergebener   Italo Svevo

Aber dann erschien die französische Übersetzung des *Zeno
Cosini* von Paul Henri Michel und entschädigte ihn für die
erneuten Enttäuschungen. Dieser junge Literat, der sich mit
solcher Leidenschaft der Übersetzung italienischer Werke
widmete, war meinem Mann von Crémieux empfohlen worden. In Paris lernten wir ihn persönlich kennen; freudig
empfing er uns bei sich daheim. Während der Übersetzungs-
arbeit befand sich Ettore in ständigem Briefkontakt mit ihm
und versuchte, sich einigen Kürzungen des Textes zu widersetzen, die Gallimard, Direktor der ›Nouvelle Revue Française‹, verlangte:

Ihre Übersetzung findet meine vollste Zustimmung. Sicherlich beweine ich gewisse Kürzungen, die mir nicht
entgehen konnten, obwohl ich versucht habe, den Rat
von Herrn Crémieux zu befolgen. Allerdings hat diese
Kürzungen ein Künstler vorgenommen. Ich wünschte
mir, daß man wieder auf das Thema der Abschaffung
der Arrhythmie des Zeno in der Musik zurückkäme.
Valery Larbaud sprach voller Höflichkeit lächelnd davon zu mir, und dies war ein Lächeln, das ich als den
schönsten Teil meines Erfolges liebte. Ich könnte nicht
darauf verzichten.
Ich füge der Übersetzung ein Blatt bei, auf dem ich
geringfügige Änderungen vorschlage. Seien Sie so gut,

zu prüfen, ob Sie sie verwerten können. Wenn es nicht
so wäre (von den sieben Änderungen können fünf nur
von einem Franzosen beurteilt werden), scheuen Sie
sich nicht, es mir mitzuteilen, und tun Sie, was Sie für
das beste halten.

Ihre Frage scheint mir absolut berechtigt, und sie erreicht mich wie ein Geschenk. Ihr Urteil ist von großer
Bedeutung für mich, denn zu diesem Zeitpunkt sind Sie
nach mir derjenige, der den Roman am besten kennt.
Und wirklich, nachdem ich Ihren Brief erhalten hatte,
schrieb ich unverzüglich an Herrn Crémieux und bat
ihn, persönlich bei dem Verleger zu intervenieren. Ich
wollte sogar seine Antwort abwarten, bevor ich Ihnen
schrieb. Es wäre unnötig, mich selbst an Herrn Gallimard zu wenden, denn dies wäre mein drittes Schreiben,
das ohne Antwort bliebe.

Ungeduldig warte ich darauf, das andere Kapitel zu sehen. Ich hoffe, daß keine weiteren Streichungen mehr
nötig sein werden.

Das Buch erschien in Frankreich bei Gallimard. Für die deutsche Übersetzung hatte Joyce Ettore geraten, sich an den
Rhein-Verlag zu wenden, der auch alle seine Werke druckte.
Der junge Übersetzer, Piero Rismondo, kam aus Fiume und
war in Wien in der Redaktion der ›Wiener Allgemeinen Zeitung‹ angestellt. Er war als Bewunderer bei uns im Haus
erschienen und hatte sich als Übersetzer angeboten. Von dem
deutschen Verleger erhielt Ettore das erste bedeutende Ho-
norar für seine literarischen Leistungen. Und er, der es so
sehr liebte, Geschenke zu machen, beeilte sich, mir den in
Mark ausgestellten Scheck, begleitet von einem liebevollen
Briefchen, zu überreichen.

Die Anerkennungs- und Lobesbezeugungen waren einmü-
tig. Einzig und allein die Bezeichnung als psychoanalytischer

Literat ertrug Ettore nicht, und zwar so wenig, daß er das Bedürfnis verspürte, seine diesbezügliche Position klarzustellen. Dies sind die unveröffentlichten Seiten, auf denen er sich bemüht, seine Gedanken zu klären:

> Es gibt eine Wissenschaft, die einem hilft, sich selbst zu studieren. Sagen wir es ohne Umschweife: die Psychoanalyse. Ihr braucht nicht zu befürchten, daß ich zuviel darüber spreche. Ich will nur darauf hinweisen, daß ich nichts mit der Psychoanalyse zu tun habe, und ich werde den Beweis dafür erbringen. Ich las Bücher von Freud im Jahr 1908, wenn ich mich nicht irre. Nun heißt es, ich hätte *Ein Mann wird älter* und *Zeno Cosini* unter seinem Einfluß geschrieben. Was *Ein Mann wird älter* betrifft, so fällt mir die Antwort leicht. Ich veröffentlichte *Ein Mann wird älter* 1898, und damals existierte Freud noch nicht, oder insoweit er existierte, hieß er Charcot. Was *Zeno Cosini* angeht, so glaubte ich lange, ich verdankte das Buch Freud, aber anscheinend habe ich mich getäuscht. Vorsicht: Es gibt zwei oder drei Gedanken in dem Roman, die tatsächlich, so wie sie dastehen, von Freud beeinflußt sind. Der Mann, der zur falschen Beerdigung geht, um nicht der Beerdigung dessen beiwohnen zu müssen, den er seinen Freund nannte und der in Wirklichkeit sein Feind war − diese Szene ist freudianisch, und ich rühme mich ihrer Kühnheit. Die Stelle, in der einer von zurückliegenden Ereignissen träumt, die er im Traum so verändert, wie er sie sich gewünscht hätte, ist freudianisch auf eine Weise, wie sie jeder schreiben könnte, der Freud kennt. Es ist wirklich ein Abschnitt, auf den ich nicht stolz wäre, stünde darin nicht ein anderer kleiner Einfall, *z*u dem ich mich beglückwünsche.

Dennoch glaubte ich eine Zeitlang, psychoanalytische

Arbeit geleistet zu haben. Nun muß ich sagen, daß ich
mich, als ich mein Buch veröffentlichte, von dem ich
mir wie alle, die etwas veröffentlichen, Erfolg versprochen hatte, von Grabesstille umgeben fand. Wenn ich
heute davon spreche, kann ich darüber lachen, und ich
hätte auch damals darüber lachen können, wäre ich jünger gewesen. Ich litt jedoch so sehr darunter, daß ich das
Axiom aufstellte: Literatur ist nichts für alte Leute. Jemand wie ich, der in Mißerfolgen Erfahrung hat, konnte dies nicht ertragen, da es Appetit und Schlaf
beeinträchtigte. Zu jener Zeit besucht mich zufällig der
einzige Triestiner Psychoanalytiker, mein sehr guter
Freund Doktor Weiss, und während er mir in die Augen
blickt, fragt er mich beunruhigt, ob er der Triestiner
Psychoanalytiker sei, über den ich mich in meinem Roman lustig mache. Es stellte sich sogleich heraus, daß er
es nicht sein konnte, da er während des Krieges nicht als
Analytiker in Triest praktiziert hatte. Dies heiterte ihn
wieder auf, er nahm mein Buch mit einer überschweng-
lichen Widmung entgegen, versprach, es gründlich zu
lesen und in einer Wiener Zeitschrift für Psychoanalyse
einen Aufsatz darüber zu schreiben. Ein paar Tage lang
aß ich mehr und schlief besser. Ich war dem Erfolg
nahe, da mein Werk in einer weltweit verbreiteten Zeitschrift diskutiert werden würde. Als ich jedoch Doktor
Weiss das nächste Mal traf, sagte er mir, er könne mein
Buch nicht besprechen, da es mit der Psychoanalyse
nicht das geringste zu tun habe. Damals schmerzte es
mich, denn es wäre ein schöner Erfolg gewesen, wenn
mir Freud telegrafiert hätte: »Danke für die Einführung
der Psychoanalyse in die italienische Ästhetik.« Ich hätte
die Depesche an Doktor Ry vom ›Circolo della Stampa‹
geschickt und wäre ein gemachter Mann gewesen. Heute schmerzt es mich nicht mehr. Wir Romanciers pfle-

gen mit großen Philosophien zu kokettieren und sind
gewiß nicht in der Lage, sie zu erhellen: wir verfälschen
sie, aber wir machen sie menschlicher. Als der Übermensch nach Italien gelangte, war er nicht mehr ganz
der Übermensch Nietzsches. Ich weiß nicht, ob Nietzsche ihn noch als seine Erfindung anerkennen würde,
nachdem er in Italien in der Prosa und in der Lyrik, aber
auch in Taten seine Verwirklichung gefunden hat, und
inzwischen wäre es um so schlimmer für Nietzsche,
wenn er die Vaterschaft abstritte.

Aber ich möchte meinen Gedanken noch besser erläu-
tern und zu diesem Zwecke ganz einfach darstellen, das
heißt, auf eine Theorie anwenden, die uns viel ferner ist
als die vom Übermenschen und die, soweit ich weiß,
von der Kunst noch nicht einmal von weitem berührt
wurde, die sich ihr aber dennoch früher oder später in
Farben und Phantasien annähern wird.

Die Relativitätstheorie kann bis jetzt nur von jemandem
verstanden werden, der mit mathematischen Formeln
etwas anzufangen weiß. Nach ein paar vergeblichen
Versuchen, sich ihr zu nähern, stellt sie der Künstler, ich
meine, der gebildete Künstler und der ungebildete, in
einem Winkel ab: Von dort aus verwirrt und beunruhigt
sie ihn, eine neue Grundlage für die Skepsis, ein geheimnisvoller Teil der Welt, ohne den man nicht mehr
denken kann. Sie ist da, nicht vergessen, jedoch verborgen, jeden Augenblick vom Gedanken des Künstlers
gehätschelt. Eines Tages geht einer von ihnen, ein
Künstler, der über die Biologie zur Kunst gelangte, zu
Einstein und sagt zu ihm: »Ich habe herausgefunden,
wie man dem gewöhnlichen Volk die Relativitätstheorie
erklärt, ohne ihm das Studium der Mathematik aufzu-
bürden.« Von Einstein dazu aufgefordert, trug er seine
Idee vor: Vorausgesetzt, man könnte einen Menschen

konstruieren, dessen Herz statt zweiundsiebzigmal in
der Minute nur einmal alle zehn Minuten schlüge, dann
steht fest, daß dieser so langsame Mensch die Sonne so
schnell wie ein Feuerwerk von einem Horizont zum
anderen rasen sähe. Einstein sagte: »Die Idee ist wun-
derschön, aber sie hat mit meiner Relativität nichts zu
tun.« Dennoch hat er sie schön gefunden, und das ist
immerhin schon etwas.

Ich, der ich von Mathematik und daher von der wahren
Relativitätstheorie nichts verstehe, bin nicht sicher, ob
in dieser Idee nicht mehr an Relativitätstheorie steckt,
als Einstein vermutete. Das Schicksal will es, daß der
Künstler vom Philosophen inspiriert wird, den er nicht
vollkommen versteht, und daß auch der Philosoph den
Künstler nicht versteht, den er inspirierte. Wagners
Abenteuer mit Schopenhauer ist bekannt. Er schickte
ihm, den er als seinen Lehrmeister betrachtete, unter
Dankbarkeitsbezeigungen seine Partitur. Schopenhauer
schrieb ihm jedoch, seiner Ansicht nach passe die Musik
Rossinis am besten zu seiner Philosophie. Er jedenfalls
wollte, was ihn betraf, nur diese Musik haben. Heute ist
die ganze Phalanx der Schopenhauerianer anderer Ansicht.

Diese enge Beziehung zwischen Philosoph und Künstler, eine Beziehung, die der legalen Ehe ähnelt, da sie
einander nicht verstehen, wie Mann und Frau, und doch
wie Mann und Frau wunderschöne Kinder miteinander
produzieren – diese Beziehung verhilft dem Künstler zu
einer Erneuerung oder verschafft ihm wenigstens die
Wärme und das Gefühl von etwas Neuem, so wie es
geschähe, wenn man einen Teil des Wortschatzes verändern und sich neue Worte geben könnte, die noch nicht
vom Alter und vom langen Gebrauch schimmelig geworden sind. Der Philosoph wiederum kann sich glück-

lich schätzen, wenn ein starker Scheinwerfer ihn ins
Rampenlicht der Welt rückt, ihn, der andernfalls Gefahr
läuft . . . [bricht ab]

Es verwunderte ihn auch, als der »italienische Proust« bezeichnet zu werden. Er hatte die Werke dieses Schriftstellers
erst 1926 kennengelernt. Es war Madame Crémieux gewesen,
die ihn bei unserem ersten Besuch in Paris gefragt hatte:
»Kennen Sie Proust? Nein? Und dabei sind Sie ihm ähnlich.«
Sofort hatte Ettore sich über die Bücher des französischen
Literaten informiert, sie alle auf einmal gekauft und sich an-
geschickt, sie mit großem Interesse zu lesen. In einer unveröffentlichten Notiz verfaßte er sogar ein Urteil über Proust,
einen Vergleich zwischen ihm und Joyce:

Ich bin kein Kritiker, und wenn ich diese Aufzeichnungen durchlese, bezweifle ich, daß ich Ihnen eine klare
Vorstellung von diesem Roman vermitteln konnte. Und
ich mache noch einen weiteren Versuch, ihn zu erklären.
Aber vielleicht ist es wichtig festzustellen, daß es keinerlei Analogie zwischen ihm und dem Werk Prousts
gibt. Bei uns wird beständig Joyce im Zusammenhang
mit Proust erwähnt. Ich möchte sie ein für allemal von-
einander trennen. Das ist eine recht einfache Aufgabe.
Sie begegneten sich ein einziges Mal. Eines Abends beschloß Proust, der damals schon sehr leidend war, seine
an den Champs-Elysées gelegene Wohnung mit den zu-
gemauerten Fenstern zu verlassen, wahrscheinlich vom
Bedürfnis getrieben, jemanden zu irgendeinem realen
Ereignis zu befragen, um einen Satz oder einen Ein-
schub beenden zu können. Er machte die Bekanntschaft
von Joyce und fragte ihn sogleich, abgelenkt durch seine eigenen Interessen: »Kennen Sie die Prinzessin X?« –
»Nein«, antwortete Joyce, »und sie interessiert mich

auch nicht im geringsten.« Sie gingen auseinander und
sahen sich nie wieder.

Ich glaube, wenn sich die beiden großen Schriftsteller
auf ihrem Gebiet, dem ihrer Kunst, treffen würden und
einer von beiden rufen würde, um sich Gehör zu verschaffen – denn sie müßten rufen, da sie so weit von-
einander entfernt sind: »Bruder, kennst du den?«, dann
würde der andere antworten: »Nein, und er interessiert
mich auch nicht im geringsten.«

Proust ist der Künstler der großen erzählenden Prosa.
Seine Sätze entstehen dank der Vollständigkeit; sie werden unendlich lang durch die Einschübe, deren jeder
eine Überraschung, eine Entdeckung ist. Nie ist er zufrieden, und er erzählt immer weiter, getrieben vom
sehnsüchtigen Wunsch, die Zeit zu suchen, die es nicht
mehr gibt. Auf seiner Leinwand fügen sich Zug um
Zug, Farbe um Farbe aneinander, um der Wirklichkeit
nahe zu kommen. Die vollkommene Harmonie des Bildes entsteht aus der vollkommenen Anschauung der
Wirklichkeit. Es scheint, als gebe es in seinem Roman
keinen Plan. Wozu würde man auch einen brauchen, da
doch die Ereignisse zwangsläufig eine Ordnung haben
müssen?

Und wenn diese seine Realität zur Satire wird, so geschieht dies beinahe ohne sein Zutun. Die Realität kann
zuweilen allein dank der Präzision zur Satire geraten.

Aber Joyce ist genau das Gegenteil. Er ist der Künstler,
der den ganzen Plan entworfen hat, das Abenteuer, für
das er die Personen auswählte. Er entnahm der Realität
das, was ihm am wichtigsten war, und machte daraus
etwas so Vollständiges, daß es die ganze Realität ersetzen konnte. Ich kann mir auch nicht vorstellen, daß er
auf einer Leinwand zu arbeiten versteht. Er muß seine
Figuren geformt haben, bevor er sie malte, und füllt sein

Laboratorium mit dreidimensionalen Geschöpfen an, die so lebendig sind, daß man meint, sie bewegten sich und sprächen ohne irgendeine Hilfe. Der unbeteiligte Autor macht einen vergessen, daß er ihnen beistehen könnte. Es wirkt, als rühre er sich nicht, weil er die eigene Mühe verbirgt.

Bei Proust wird aus der Wirklichkeit eine Wissenschaft. Er untersucht die Ursprünge und die Organe jeder einzelnen Figur.

Bei Joyce findet sich keine Spur einer solchen Untersuchung. Ein anderer, der Leser, kann sie vornehmen, da ihm das vollständige Geschöpf übergeben worden ist. Ich habe hier versucht, es in seine Einzelteile zu zerlegen, und Gott weiß, was dabei herausgekommen ist. Das Vergnügen, mit dem man Joyces Werk liest, entspringt freilich nicht einer solchen Analyse (also auch nicht der meinen). Jener Nebel, der über seinem Buch liegt, verursacht durch dessen viele unausgesprochene Zielsetzungen und auch durch sein ungewöhnliches Schicksal, zerstreut sich allmählich, und der Leser entdeckt, daß er mit Hilfe eines unvergleichlichen Führers an der Erschaffung einer ganzen Welt mitgewirkt hat, die dennoch so geheimnisvoll bleibt wie jene, deren Abbild sie darstellt. Daher der bewundernde, überraschte Aufschrei so vieler illustrer Kritiker. Ich verstehe gut, was der große Dichter und Kritiker T. S. Eliot sagen will, wenn er erklärt, daß, wer Joyce nachahmen will . . . [bricht ab]

Für Benjamin Crémieux kommentiert er dessen Panorama der italienischen Literatur:

Villa Veneziani, Triest 10, 5. Mai 1928
Lieber Freund, am 2. d. M. habe ich Ihr Werk erhalten,

und zu dieser Stunde habe ich es bereits verschlungen. Das ganze Buch ist in seiner präzisen Kürze ein Juwel, ein kostbares Geschenk, für das Ihnen ein jeder von uns dankbar sein muß. Ich meine nicht nur uns, die Sie erwähnt haben, sondern ganz allgemein uns Italiener. Was mich betrifft, so kann ich, als ein wirklich eitler alter Mann, nie genug bekommen; außerdem haben Sie mich verdorben. Es ist natürlich richtig, mich in einem solchen *Panorama* wie ein Stück Knoblauch in der Küche von Leuten vorzustellen, die nichts von ihm wissen wollen. Aber als Italiener und als Ihr Freund bin ich stolz auf Ihr so taktvolles und völlig unabhängiges Werk. Unter Ihren Händen erlangt dieses halbe Jahrhundert eine große Bedeutung. Nur aus dem Ausland konnte ein so objektives Werk kommen, aber nur von einem Außenstehenden, der so wenig außenstehend ist wie Sie. Und wenn ich mir wieder ins Gedächtnis zu rufen versuche, wie Sie sich während Ihres Aufenthaltes bei uns durch unsere Straßen bewegt haben, kommt mir zwangsläufig der Gedanke, daß Sie einen Weg gefunden hatten, um auf einem Überbau, einer höheren Ebene zu schreiten, die Ihnen erlaubte, besser zu sehen, vor allem aber, selber nicht ins Getümmel zu geraten. Die Biographien über Carducci, Pascoli und Panzini sind ein Genuß. Bewundernswert, da von einem wissenschaftlichen Gesichtspunkt aus so viel schwieriger, die über Croce. Sehr gefällt mir die Darstellung des Gemütszustandes der Italiener bei Kriegsausbruch: Geschichte der offenkundigen Wahrheit, die aber selbst uns, die wir sie erleben mußten, überrascht.

Ich bin überzeugt, daß Sie in Italien mit einer solchen Arbeit nur Zeichen der Dankbarkeit ernten können. Wenn ich damit nicht der erste bin, so liegt das an der Langsamkeit unserer Buchhändler.

Am Ende, wenn man das Buch aus der Hand legt, hat
man das Gefühl, den nobelsten Teil unserer Geschichte
der letzten 50 Jahre erfahren zu haben. Es liegt etwas
Episches im Kampf der kleinen Leute gegen die Umstände und die Geschichte. Sie haben davon mit einer
Zuneigung berichtet, die nur aus der vollkommenen
Kenntnis von Menschen und Dingen erwachsen kann.
Und nun bin ich mehr denn je überzeugt, daß Sie nie
mehr von Italien lassen werden. Jeden Tag suche ich den
Horizont ab. Kommen sie oder kommen sie nicht, die
Crémieux? Sie müssen doch hier durchreisen, wenn sie
nach Rumänien wollen.
Sollte ich erfahren, daß Sie durch Triest gekommen
sind, ohne daß ich Sie sehen durfte, dann schaue ich Sie
nicht mehr an!

Und am 16. Mai nahm er das Gespräch mit Crémieux über
sein Werk wieder auf, um ihn zu einigen Notizen anzuregen;
an diesem Brief kann man erkennen, wie wenig Ettore zö-
gerte, Gerechtigkeit für die Triestiner Literaten zu fordern:

Wir befinden uns hier in Julisch-Venetien, und in Ihrem
Buch gibt es keinerlei Hinweis auf Attilio Hortis oder
Silvio Benco. Wegen Benco bin ich Ihnen ehrlich böse.
Benco ist ein Künstler, der fast ganz vom Journalismus
und ein wenig von D'Annunzio aufgefressen wurde. Sie
werden sagen, wenn er aufgefressen wurde, so sieht
man ihn nicht mehr. Aber Ihr Buch ist voll von aufge-
fressenen Leuten. Benco ist (und um Ihnen entgegen-
zukommen, vergesse ich für einen Augenblick seine
zwei ersten Romane, die innerlich viel weniger D'Annunzio sind, als es scheint) zumindest ein großer Kul-
turverbreiter.

Nach dem Erscheinen der französischen Übersetzung war
auch in Italien etwas in Bewegung geraten. Die italienische
Kritik hatte mit der französischen polemisiert, sich fast beschwert über den Glorienschein, den diese einem italienischen Schriftsteller aufgesetzt hatte. Damals machte der
Verleger Morreale konkrete Vorschläge, und 1927 wurde die
zweite Auflage von *Ein Mann wird älter* veröffentlicht, die
von Ettore sprachlich völlig überarbeitet worden war. Im
Vorwort gab er seiner Dankbarkeit Joyce gegenüber öffent-
lich Ausdruck, der es verstanden hatte,

> . . . das Wunder des Lazarus zu wiederholen. Daß ein
> Schriftsteller, der vom eigenen Werk gebieterisch in
> Anspruch genommen wird, mehrmals seine kostbare
> Zeit verschwendet, um weniger glückliche Brüder zu
> fördern, zeugt von einer Großmut, die, meiner An-
> sicht nach, seine unerhörten Erfolge erklärt, denn auch
> jedes andere seiner Worte – alle, die sein umfang-
> reiches Werk bilden, sind Ausdruck des gleichen gro-
> ßen Sinnes.

Aber Joyce wollte er ein Geschenk machen, ein für ihn selbst
sehr wertvoller Gegenstand, an dem sein Herz hing: das Porträt, das Veruda von mir gemacht hatte, als ich jung war.

Triest, 27. März 1928

Lieber Freund,
Hier habe ich die beiden Briefe an die Verleger gefunden. Noch großzügiger kann man nicht sein.
Ich lebe von den Eindrücken, die mich seit Paris begleiten. Einer ist stärker als alle anderen: Anna Livia und
das Gemälde von Veruda. Hätten Sie es gern? Schreiben
Sie mir auf einer Postkarte nur das eine Wort »Ja«, und
ich werde es Ihnen schicken. Ohne Ihre Zustimmung

wage ich nicht, Ihnen das Porträt meiner Frau zu senden. Gemälde von Veruda besitze ich eine Menge; und
was den Gegenstand des Bildes betrifft, halte ich das
Original in Ehren.

Ettore brannte voller Ungeduld darauf, den Neudruck seiner
gesamten Werke zu Gesicht zu bekommen. Er hatte es sehr
eilig. Der französische Übersetzer Paul Henri Michel bestätigt in einem Artikel, der nach Ettores Tod im ›Solaria‹
veröffentlicht wurde:

Im Laufe des Jahres 1926, während ich den *Zeno Cosini* übersetzte, überwachte Italo Svevo die Etappen meiner Arbeit
mit einer Unruhe, die alle seine Briefe verrieten. Er fürchtete
zu sterben, bevor diese Übersetzung beendet sein würde, der
er große Bedeutung beimaß. Wenn nicht alles so schnell ging,
wie er sich das vorstellte, drückten seine Briefe eine echte
Verzweiflung aus. Das war zu der Zeit, als ich das Manuskript
von *Ein gelungener Scherz* erhielt, datiert auf den 14. Oktober
1926; und ich hatte sogleich den Eindruck, daß Svevo, immer
dazu bereit, seine Ironie gegen sich selbst anzuwenden, den
Wunsch verspürt hatte, seine Unruhe ins Lächerliche zu
ziehen.

Diese Unruhe, nicht verwirklicht zu sehen, worauf seine
Berühmtheit ihn hoffen ließ, steigerte sich in ihm immer
mehr:
»Ich schrieb ihm also«, fährt Paul Henri Michel fort, »daß
Gallimard nicht wie sein Westermann eine Figur aus seiner
Geschichte wäre, worauf Svevo mir antwortete, daß er da
nicht ganz sicher sei, und fügte wörtlich hinzu: ›Tatsächlich
scheint es mir, daß er sich in Mario Samigli verwandelt hat.‹«
Die unbestimmte Vorahnung seines bevorstehenden Todes
lastete schwer auf ihm. Sogar die Freude über den Erfolg war

wie von einem Schatten verdunkelt. Er hatte seiner lieben
Freundin Frau Crémieux geschrieben:

16. März 1926

Sehr verehrte gnädige Frau und liebe Freundin,
der, der Ihnen schreibt, ist in etwa ein berühmter Mann.
Mehr oder weniger jede Zeitung Italiens hat meinen
Namen mit mehr oder weniger schmeichelhaften Worten erwähnt. Doch es handelt sich nicht um Kritik. Die
würde nachkommen, sagt man. Vorläufig wirft man mir
Rigutini und Fornaciari an den Kopf, was mir nicht weh
tut, obwohl es schwere Brocken sind. Ich bin immer
noch überrascht über die Wirkung des kräftigen Fuß-
tritts, den Crémieux der Tür, die mir den Zugang zur
Öffentlichkeit verwehrte, gegeben hat. Alle kennen
mich. In Triest beginnt man sogar, sich darüber zu freu-
en, daß ich unter ihnen weile . . . für kurze Zeit noch.
Wenn ich Ihnen sagte, es sei mir vorher besser gegangen,
würde ich lügen, denn ich erinnere mich an die finstere
Ungeduld, die mich dazu trieb, meinen Nächsten zu
schikanieren. In Wahrheit kann ich sagen, daß ich mir
damals vorgestellt hatte, es würde mir jetzt besser gehen, als es mir in Wirklichkeit geht. Man sieht, daß es
einem auf dieser Welt nie gutgeht. Es wird behauptet,
daraus entstehe der Fortschritt.
Und ich will den Fortschritt! Kann ich zwei Worte bekommen, nur zwei Worte, von der, die mich tröstete in
der Zeit, die nun ihren Abschluß findet? Warum muß
ich jetzt, da es mir so viel besser geht, darauf verzichten?
Ihnen geht es sicherlich gut und Ihrem Sohn und Ihrem
Mann ebenso. Weiß der Himmel, ob Ihr Mann meinen
Band erhalten hat mit den Streichungen von zehn Seiten, zwei Zeilen und anderthalb Wörtern. Arbeiten Sie
an der Übersetzung? Wenn ja, so schicken Sie mir eine

Postkarte, von mir aus auch eine leere und ohne Unter-
schrift. Das wäre wirklich eine ganz große Freude.
Ich küsse Ihnen ergeben die Hand
    Ihr Ihnen sehr verbundener Ettore Schmitz.

Madame Crémieux antwortete ihm folgendes:

Paris, 6. April 1926

Lieber guter Freund,
Was müssen Sie von meinem Schweigen halten? Ich habe nur
so lange mit meiner Antwort gewartet, weil ich immer gehofft habe, Ihnen mitteilen zu können, daß ich die Ehre habe,
Sie zu übersetzen; aber mit meiner unaufhörlichen Migräne
und der verständlichen Eile, die ich bei Ihnen für die Fer-
tigstellung dieser Übersetzung spüre, muß ich wohl ehren-
haft darauf verzichten. Und ich bedauere dies zutiefst, wie Sie
sich wohl denken können, und ich beneide den glücklichen
Menschen ohne Migräne, der diese interessante Arbeit tun
wird. Sie können versichert sein, daß wir die Übersetzung
noch einmal prüfen werden und daß der Ruhm von Svevo
nicht unter meinem Rückzug leiden wird. Ja, nun sind Sie
also berühmt, und Ihre Landsleute lassen Ihnen endlich Gerechtigkeit widerfahren und gewähren Ihnen nach und nach
immer mehr Anerkennung. Alles wird wahr. Wann kommen
Sie wieder nach Paris? Daß dieser Tag bald komme und daß
ich an ihm nicht zufällig abwesend bin. Alle Italiener, mit
denen wir über Sie gesprochen haben, sind begeistert von
Zeno Cosini und besonders Buontempelli (sic!), der kürzlich in
Paris weilte und der uns anvertraute, daß er eine umfang-
reiche Studie über Sie vorbereite. Ich hoffe, Ihnen ist diese
Neuigkeit angenehmer, als mein Verzicht Ihnen unangenehm
ist. Denn schließlich kann man immer eine Übersetzerin ersetzen, aber einen guten Kritiker, und vor allem einen
italienischen, ersetzt man nicht.

Währenddessen unterrichtete Benjamin Crémieux Ettore
über den Verlauf der P. H. Michel anvertrauten Übersetzung
von *Zeno Cosini* und beruhigte ihn; aber Madame Crémieux
schwieg erneut, und Ettore schrieb ihr, mit der Bitte um
Nachricht:

15. Januar 1927

Sehr verehrte und liebe Frau,
Seit längerer Zeit haben wir nichts mehr von Ihnen gehört. Ich meinerseits habe Ihnen anfangs nicht geschrieben, weil es so aussah, als ob ich nach London reisen
müsse, eine anstrengende Reise, für die ein oder zwei
Tage in Paris die Belohnung gewesen wären. Jetzt ist es
sicher, daß ich nicht fahre, und deshalb würde ich es sehr
begrüßen, Nachricht von Ihnen zu erhalten. Ihre kleine
Familie ist in der letzten Zeit sehr durcheinandergebracht
worden. Wider jede Gerechtigkeit, wo Sie doch so jung
und so gut sind. Ich hoffe darauf, eine Zeile von Ihnen zu
erhalten, und gehe mit gutem Beispiel voran und teile
Ihnen meine Neuigkeiten mit: Ich lebe sehr sorglos, see-
lenruhig die französische Fassung meines Romans erwar-
tend. Zu meiner Ruhe trägt die viele Arbeit bei, zu der
mich der Jahresabschluß in meinem Büro zwingt.
Haben Sie meine Novelle gelesen, die von der Prinzessin von Versailles abgelehnt worden ist? Hier in Italien
habe ich ein wenig Genugtuung erhalten, aber nur wenig, ganz wenig. Binazzi aus Bologna hat in wenigen
Zeilen von mir gesprochen und sogar gesagt, daß Italien mir ein Kunstwerk zu verdanken hat. Sie haben es
immer noch auf mich abgesehen, und, um die Wahrheit
zu sagen, inzwischen freue ich mich darüber.
Schreiben Sie mir also, liebe Freundin; von meiner Ehefrau Grüße und aufrichtige Glückwünsche.
Ich bleibe immer Ihr ergebenster und dankbarer Freund
Ettore Schmitz

Voller Zuneigung antwortete sie ihm:

Mittwoch, 2. Februar 1927

Mein sehr lieber großer Freund,

Ich bin sehr in Verzug mit meiner Antwort an Sie, der Sie die Güte besaßen, sich für mein armes Schicksal zu interessieren: Ich bin zwei lange Monate wirklich sehr krank gewesen. Endlich stehe ich wieder auf; eine der ersten Freuden in dieser Woche der Genesung kommt von dem lieben *Zeno*, der sich endlich in einem reinen Französisch darstellt, nachdem er mich in einem Italienisch bezaubert hatte, das nur die Pedanten für nicht anmutig befanden. Sie sollen wissen, daß die Übersetzung beinahe beendet ist (sie ist beachtlich und wird in spätestens zwei Wochen fertig sein; heute abend sehen mein Mann und ich sie durch, wir haben darin geblättert und uns zum zweiten Mal für den Inhalt des Buches begeistert). Ich bin jetzt ganz sicher, daß Ihnen bei uns der wohlverdiente Ruhm zuteil werden wird und daß Ihr *Zeno* einen enormen Erfolg ernten wird.

Mein Gatte wird Ihnen persönlich schreiben, aber er bittet mich, Ihnen jetzt schon zu sagen, daß er hofft, daß Ihr Buch im Mai oder Juni erscheinen kann; so wird es den Liebreiz der Sommerferien kennenlernen und sich in entzückenden Händen am Meer und zu Füßen der Berge beleben. Können Sie sich das vorstellen? Es wird wohl besser sein, wenn Sie nach Paris kommen, um sich davon zu überzeugen, daß es in den Schaufenstern der Buchhandlungen gut plaziert ist. Betrüben Sie sich nicht mit der Behauptung, daß Sie uns nie mehr besuchen werden; jetzt haben Sie hier nicht nur Ihre Freunde (und ich lege großen Wert auf den ersten Platz, welch Anmaßung!), sondern sozusagen auch ein Adoptivkind, ein liebes Kind, das nichts von seinem Glanz dadurch verloren hat, daß es in eine andere Sprache übertragen worden ist – das aber dennoch hier in einem Land ist, das nicht seine Heimat ist und das hin und wieder von Ihrer Anwesenheit erwärmt werden muß. Wir haben die Geschichte erhalten, ich habe sie mit lebhaftem Interesse gelesen, und ich liebe sie; mein Mann hat sie noch nicht gelesen und auch Larbaud nicht; aber er wird Ihnen bald schreiben. Auf Wiedersehen, lieber Freund, Ihnen und den Ihren ein gutes neues Jahr und ein gutes Jahr für *Zeno*.

Ihre treue M. Crémieux

Ständig in banger Erwartung der Veröffentlichung seines Romans in Frankreich, antwortete er Benjamin Crémieux:

Triest, den 15. März 1927

Liebster Freund,
ich habe Ihren liebenswürdigen Brief vom 12. erhalten. Wenn sie schon zu nichts anderem dient, kann meine Erzählung von diesem armen Samigli Ihnen wenigstens bezeugen, wie sehr ich auf die Übersetzung meines Buches warte. Es wird sicher eine große Freude sein, wenn auch gedämpft durch die *coupures*. Meine Dankbarkeit Ihnen gegenüber wird durch diese *coupures* aber nicht gedämpft.

Offensichtlich gehen Erzählungen nicht. Wie ich aus Ihrem Brief erfahre, ist auch *Feuriger Wein* für den ›Commerce‹ nicht geeignet. Meiner Ansicht nach ist es klar, daß sich der alte Mann jetzt auf seinen Lorbeeren ausruhen soll. Ich bekam einen sehr netten Brief von Herrn Michel, auf den ich sogleich antwortete und ihn ermächtigte, den *Scherz* auf meine Kosten zu übersetzen. Das ist wirklich das letzte, was ich geschrieben habe. Ich dachte es mir aus, als diese Triestiner Journalistin in Ihre Wohnung eindrang und nach Triest schrieb. Dann geschah lange Zeit nichts (bis ich nach Paris kam), und in der Zwischenzeit tröstete ich mich mit Schreiben. Ich

schrieb die Geschichte und schrieb sie um, und nun ist
sie, wie sie ist, und könnte von mir auch nicht mehr
verbessert werden. *Feuriger Wein* dagegen ist eine ganz
alte Sache. Ich glaube sogar, daß sie Joyce 1914 gelesen
hat. Ich erfuhr, daß ›Commerce‹ mit dem *Scherz* nichts
anfangen konnte, und habe daher *Feuriger Wein* überarbeitet. Aber in ziemlicher Eile. Deshalb möchte ich es
noch nicht übersetzen lassen. Ich werde darüber nachdenken und Ihre beiden Einwände berücksichtigen.
Wenn ich nichts daran ändern kann, bleibt es eben liegen.
In der letzten Nummer von ›Commerce‹ fand ich Auf-
sätze von einem gewissen Barilli. Sie haben mich sehr
interessiert. Es scheint, daß wir italienischen Schriftsteller uns in Paris kennenlernen werden. In letzter Zeit
habe ich jedoch mit zwei bemerkenswerten italienischen
Autoren Bekanntschaft gemacht: mit Giani Stuparich,
Triestiner und Freund von Slataper, der *Colloqui con mio
fratello* veröffentlicht hat, ein Buch, das einem Tempel
gleicht. Letzte Woche fiel mir *Moscardino* von Pea (vgl.
Treves) in die Hand, ein wirklich seltsames und wunder-
bares Buch. Es stammt von einem so verbissenen Tos-
kaner wie Tozzi. Gewisse Seiten darin sind von einer
Kraft und Klarheit, die einen neidisch machen. Ich vermute, Sie kennen alle beide: Vocianer. Im Grund ist das
wenige Gute, das wir haben, alles dort durchgegangen.
Falls der *Scherz* (um wieder auf mich zurückzukommen)
nicht untergebracht werden kann, werde ich die Übersetzung als eine liebe Erinnerung aufbewahren.
In Mailand, wo ich die ganze letzte Woche verbrachte,
hielt ich beim Convegno meine Lesung über James
Joyce. Meine Frau sagt, ich hätte gut gelesen. Das Publikum bestand aus Frauen. Dieser Herr Ferrieri ließ
mich nachmittags um fünf Uhr lesen, wenn die Männer
bei der Arbeit sind. So meinte jedenfalls Sacchi. Der

›Corriere della Sera‹, der immer so nett zu mir ist, hat mich nicht erwähnt. Von Freunden erfuhr ich, daß Caprin jedesmal, wenn er von mir spricht, die Stimme erhebt. Im ›Secolo‹ stand ein kurzer, sehr sympathischer Artikel. Heute habe ich das Manuskript an Joyce gesandt und denke nun nicht mehr daran. Ich glaube auch, daß ich nie mehr in der Öffentlichkeit lesen werde.

Von meiner Frau und der ganzen Familie Dank und Grüße an Ihre Frau und Sie. Mit großer Freude erfahren wir, daß Ihre Frau wieder gänzlich hergestellt ist. Und wann sehen wir uns?

Ich verbleibe einstweilen, liebster Freund, Ihr sehr ergebener   Ettore Schmitz

Die nächste Nummer des ›Convegno‹ bringt meine Erzählung von jenem Hähnchen, das die Mutter suchte und fand. Erinnern Sie sich?

Endlich näherte sich die sehnsüchtig erwartete Veröffentlichung des *Zeno Cosini* in Paris. Daher ersuchte Benjamin Crémieux Ettore um eine biographische Notiz und eine Fotografie. Man schrieb den Sommer 1927.
Hier die Antwort meines Mannes:

Liebster Freund,
ich bin wirklich gerührt über das Wohlwollen, das Sie mir schenken, über den so hochherzigen Ton Ihres lieben Briefes, der durch die teilnahmsvollen Worte für den verstorbenen Cantoni noch gesteigert wird. Ich bewahre Ihren Brief wie ein kostbares Geschenk. Er ist viel mehr als eine korrekte Geste. Kommen Sie jetzt über Triest? Ich hätte so gern Gelegenheit, Ihnen die Hand zu drücken. Vergessen Sie mich nicht, wenn Sie hier durchreisen. Sollten Sie nur nach Julisch-Venetien

kommen, könnte ich Ihnen einen Sonntag widmen und
Sie besuchen.

Dies vorausgeschickt, kommt hier nun in kurzen Worten mein Lebenslauf: Geboren 1861 in Triest. Mein
Großvater war ein deutscher Staatsbeamter in Treviso;
meine Großmutter und meine Mutter waren Italienerin-
nen. Mit zwölf Jahren wurde ich nach Deutschland auf
eine Kaufmannsschule geschickt, wo ich noch weniger
lernte, als geboten wurde. Immerhin begeisterte ich
mich damals für die deutsche Literatur. Mit 17 Jahren
trat ich in die Höhere Handelsschule »Revoltella« in
Triest ein, wo ich meine *italianità* wiederfand. Mit 19
dann in ein Bankhaus, und in *Ein Leben* sind die der
Bank und der Städtischen Bibliothek gewidmeten Teile
tatsächlich autobiographisch.

Mit 36 hatte ich das Glück, in ein Industrieunternehmen
einzutreten, dem ich bis heute angehöre. Bis zum Ausbruch des Krieges habe ich sehr viel gearbeitet, hauptsächlich in der Führung der Arbeiter in Triest, Murano
(Venedig) und in London. Mit 30 veröffentlichte ich
Ein Leben und mit 37 *Ein Mann wird älter*. Dann beschloß ich, auf die Literatur zu verzichten, die offensichtlich meine kommerziellen Fähigkeiten schwächte,
und meine wenigen freien Stunden widmete ich nun der
Geige, bloß um mir meinen literarischen Traum auszu-
treiben. Der Krieg entwand mir die Geschäfte, und
wahrscheinlich ist es der langen Ruhezeit zuzuschreiben, daß ich mich 1919 daranmachte, *Zeno Cosini* zu
verfassen, den ich 1923 veröffentlichte.

Das ist alles. Ein Leben, das nicht schön erscheint, das
jedoch von so vielen glücklichen Zuneigungen umrankt
wurde, daß ich bereit wäre, es noch einmal zu leben.
Ich fürchte, ich habe Ihnen mehr gesagt, als Sie wissen
wollten. Aber dieser Schaden ist leicht zu beheben.

Hier ist auch meine Fotografie. Sie stammt von 1926.
Ich schicke sie etwas verspätet, denn meine Frau ist auf
dem Lande, und ich habe – dem Himmel sei Dank –
keinerlei Schlüssel zur Verwahrung.
Nochmals vielen Dank.
Ich drücke Ihnen herzlich die Hand.
Ihr sehr ergebener   Ettore Schmitz

Er freute sich sehr über die Solidarität der jungen Leute und
schrieb an Alberto Rossi:

Sie hatten recht; bei den italienischen Lesern ist mein
Erfolg alles andere als groß. Aber (und das haben auch
Sie bemerkt) aus der Menge, der ich nicht angehöre,
tritt hin und wieder ein Freund hervor, um mir die Hand
zu reichen. Deshalb bin ich in Italien der Mann mit den
vielen Erfolgen. So viele junge Leute, einer nach dem
anderen, grüßen mich, als wäre ich einer der ihren, und
ich genieße dies mehr, als ich einen einzigen großen
Erfolg genießen würde.

Allerdings litt er darunter, kein populärer Schriftsteller zu sein.
»Ein Buchhändler hat über mich gesagt: ›Er ist nicht
gefragt.‹«
»So ist das«, sagte er eines Tages mit einer gewissen Bitterkeit
zu mir und schrieb an Ferrero:
»Ich würde so gerne den Erfolg von *Ein Mann wird älter*
abwarten. Ich weiß, daß der Vertreter von Morreale, ein
erfahrener Mann, der in Cappellis Auftrag unterwegs
war, als er meinen Namen sah, bemerkte: ›Ach so, ein
Schriftsteller, der nicht geht.‹«
Dies war sein heimlicher Kummer, und er amüsierte sich
darüber, von einem Erfolg zu träumen, wie er in Amerika
möglich wäre:

Nun weiß ich, warum mir mein ganzes Leben lang nichts Überraschendes begegnet ist, kein unerwartetes Abenteuer oder, um es ordinär auszudrücken, kein Glückstreffer. Dies alles wäre beinahe eingetreten, und ich ahnte es voraus, doch zweifellos mit zuviel Energie. Da kommt ein Amerikaner auf mich zu, um für hunderttausend Dollar meinen Roman zu kaufen. Ich sehe ihn vor mir mit seinem unbehaarten Gesicht und den Goldzähnen. Er hat ein Geschäft vor. »Wieviel?« fragt er. Ich bin mit wenig zufrieden: hunderttausend Dollar unter zwei Bedingungen: daß ein Schriftsteller meiner Wahl als Übersetzer bestimmt wird, weil ich nicht will, daß mein Roman auch auf Englisch schlecht geschrieben ist, und daß das Buch so schnell wie möglich veröffentlicht wird, in Anbetracht meines Alters. Der Amerikaner ist einverstanden. Man begibt sich zum Notar, um den Vertrag zu unterschreiben, und ich sehe das Formular vor mir, das ähnlich aussieht wie der Hypothekenbrief, den ich einmal unterschrieben habe. Nur daß hier neben dem Aufdruck in Großbuchstaben: Betrifft: l'immobile . . . geschrieben steht: Il mobile . . . *Zeno Cosini.* Der Notar fragt zögernd: »Bleiben wir bei der Summe von hunderttausend? Man muß sich entscheiden, denn sonst müßte man auch die Zahl der Stempelmarken erhöhen.« Ich bin fest entschlossen: Mit hunderttausend bin ich zufrieden. Wer weiß, ob sich nicht das unbehaarte Gesicht verdüstert, wenn ich auch nur um einen Dollar erhöhe, und ob der Amerikaner sich nicht damit begnügt, einen vom ›Corriere della Sera‹ empfohlenen Roman zu kaufen? Nun haben wir also unterschrieben, und ich verlasse den Raum mit dem Scheck über hunderttausend Dollar.

Es versteht sich, daß etwas, was man sich so präzise vorgestellt hat, sich nicht zu ereignen braucht.

Daheim sprach er nie, weder über Autoren noch über Verleger, er erwähnte seine Arbeit nur nebenbei und las mir hin
und wieder einige Seiten vor.

Letizia konnte sich nicht sehr um die väterlichen Werke kümmern, da sie völlig von der starken Persönlichkeit ihres
Ehemannes und ihren Kindern vereinnahmt wurde. Trotz
unseres Zusammenlebens und der gegenseitigen Zuneigung
ahnte sie nichts von der inneren Pein ihres Vaters, die er
völlig für sich behielt.

Oft besuchte Ettore die jungen Herausgeber der ›Quindicinale‹, die von Somarè geleitet wurde und die im Dezember
1925 und im Januar 1926 die enthüllenden Artikel von Eugenio Montale veröffentlicht hatte. Als er eines Abends in
ihrer Begleitung die Redaktion verließ, bemerkte er zu
Lodovici:

> »Man verläßt die ›Quindicinale‹ mit dem Gefühl, beim
> ›Esame‹ gewesen zu sein.«

Er liebte solche *boutades*, und wenn er sich manchmal zu einer
solchen Serie von Scherzen hinreißen ließ, hatte man den
Eindruck, sein größtes Vergnügen bestünde darin, die Freunde zum Lachen zu bringen.

Auch mit mir versuchte er immer unterhaltsam zu sein, besonders, wenn wir auf Reisen waren. Nie habe ich so viel
gelacht wie auf unseren Reisen. Er war immer zu Scherzen
aufgelegt. Eines Tages, in London, ging er zu einem Fotografen und flehte ihn voller Ernst und bedrückt um eine
schöne Fotografie an: »Ich bin Tänzer von Beruf« – behauptete er – »und benötige eine schöne Fotografie.« Zweifelnd
und unsicher sah der Fotograf diesen alten Mann mit der
etwas kräftigen Figur und dem sich lichtenden Haupthaar an.
Eines Vormittags besuchte ich mit der mir eigenen Gewis-
senhaftigkeit das Louvre-Museum; und Ettore, den es
schnell langweilte, Bilder und Statuen zu bewundern, fand
folgende Bemerkung:

»Wenn du mich nicht ganz schnell hier wegbringst, werfe ich dir die Venus von Milo an den Kopf.«
Er hatte einen sehr großen Kopf, und es gelang uns nie, einen passenden Hut für ihn zu finden. Wir vergnügten uns, indem wir die Geschäfte auf der Suche nach dem unauffindbaren Hut abklapperten.
Mehr als die Natur, mehr als Kunstgegenstände liebte er die Menschen, denen gegenüber er eine besondere Sensibilität besaß. Er hinterließ eines seiner üblichen losen Blätter:

> Jemanden auch nur ein einziges Mal anzufahren, der weder das Recht noch den Mut hat, darauf zu entgegnen, bedeutet, das Verhältnis zu ihm ein für allemal zu zerstören. Nie mehr wird er dir gegenüber zur Aufrichtigkeit zurückfinden. Er hat seinen Platz endgültig unter dir, aber in seiner inneren Reaktion wird er dich hassen oder verachten.

Auch die Tiere beobachtete er genau. Besonders beschäftigte er sich mit Hunden und Vögeln. Aus der Beobachtung der ersteren entstanden die Erzählungen über »Argo«. Die Spatzen, die um das Haus herumflatterten, waren seine Sorge und sein Vergnügen. Jeden Tag bereitete er ihnen Brotkrümel zu, und dann unterhielt er sich damit, vom Fenster aus die Bewegungen dieses unruhigen Völkchens zu verfolgen. Kinder vergötterte er. Sein erster großer Freund war sein Neffe Umbertino gewesen, Sohn seiner Schwester Ortensia, der mit vierzehn Monaten die Mutter verlor. Dann waren die Kinder von Letizia geboren worden: Piero, Paolo und Sergio (der letztere ähnelte ihm am meisten in seinem Denken, in der nachdenklichen Miene, in der Leidenschaft für geistige Probleme). Er liebte es, lange Spaziergänge mit ihnen zu machen, bei denen er sich in geheimnisvolle Unterhaltungen mit ihnen verlor. Von all dem sind Zeugnisse in seinen Büchern zu finden. Und trotzdem, trotz all dieser Heiterkeit und all dieser Freude, verrieten seine Augen, die so häufig voller spöttischer Gutmütigkeit funkelten, eine unverständliche Angst, die ich nicht erfassen konnte; und manchmal waren sie voll ungläubigen Staunens:

»Und was bin ich jetzt? Nicht der, der lebte, sondern der, der schrieb.«

Der ›Convegno‹ öffnete ihm sofort die Türen. Während unserer häufigen Reisen nach Mailand (wir reisten jetzt immer zusammen), verkehrten wir in jenen schönen Salons wie dem gastfreundlichen Salon der Frau Ferrieri. Bei ihr lernte Ettore die gesamte intellektuelle Elite Mailands kennen. Beim ›Convegno‹ hielt er seinen ersten und gleichzeitig letzten Vortrag. Am Abend des 26. März 1927 sprach er über Joyce und besonders über den *Ulysses*. Obwohl er nicht an Publikum gewöhnt war, zeigte er an jenem Abend nicht die geringste Nervosität. Völlig gelassen trug er mit seiner klaren und ruhigen Stimme vor, die im Italienischen ihren Triestiner Akzent bewahrte. In Paris wurde er während einer Versammlung des PEN-Club, an der vierundfünfzig Literaten teilnahmen, würdig gefeiert. Benjamin Crémieux war der Veranstalter solcher literarischen Abendessen für vortreffliche europäische Schriftsteller, die sich auf der Durchreise in Paris befanden. Man gab ein Essen zu Ehren Italo Svevos, um das Erscheinen der französischen Ausgabe des *Zeno Cosini* feierlich zu begehen. Mit ihm feierten der Russe Isaak Babel, Autor der *Reiterarmee*, und der rumänische Dichter Pillat.

Der weiße hufeisenförmige Tisch nahm die ganze Wandlänge ein. Ettore saß in der Mitte zwischen Crémieux und Jules Romains. Der letztere stellte die Gefeierten vor und hielt eine Lobrede auf sie.

Ich war neben Joyce plaziert, der nach dem Essen dem einzigen anwesenden italienischen Schriftsteller Comisso gestand: »Es wird gesagt, ich hätte Svevo unsterblich gemacht, aber ich habe auch die Haarpracht von Frau Svevo verewigt.

Es waren lange blonde Haare. Meine Schwester, die sie offen
gesehen hat, hat es mir erzählt. Nahe Dublin gibt es einen
Fluß, der an der Färberei vorbeifließt, und seine Wasser sind
rötlich wie jener Tisch; deshalb gefiel es mir, in dem Buch, das
ich gerade schreibe, von diesen zwei Dingen zu sprechen, die
sich so ähnlich sind. Eine Frau wird diese Haare haben, die
Haare der Frau Svevo.« Er spielte auf das Buch *Anna Livia
Plurabelle* an, für das er sogar meinen Namen verwendet, wor-
über er scherzhaft an meinen Mann geschrieben hatte:
»Apropos Namen: Ich habe den Namen von Signora Schmitz
der Protagonistin des Buches gegeben, an dem ich schreibe.
Aber bitten Sie sie, nicht zu den Waffen zu greifen, weder zu
Säbel noch Feuerwaffe, da die betreffende Person die Pyrrha
Irlands (oder besser Dublins) ist. Ihr Haar ist der Fluß (sie
heißt Anna Liffey), an dessen Ufern sich die siebente Stadt
der Christenheit erhebt. Beruhigen Sie Ihre Frau bezüglich
der Figur der Anna Livia. Von ihr habe ich nichts genommen
außer der Haarpracht, und diese nur leihweise, um dieses
Rinnsal meiner Stadt, die Anna Liffey, zu schmücken, die der
längste Fluß der Welt wäre, wenn es da nicht den Kanal gäbe,
der von weit her kommt, um sich mit dem großen Gott
Antonio Taumaturgo zu vereinen, und der dann, nachdem er
seine Meinung geändert hat, zurückkehrt, wie er gekommen
ist.«
Neben Joyce saß seine Frau, glücklich darüber, wieder mit
mir im Triestiner Dialekt sprechen zu können, und dann Ivan
Goll, Jean Paulhan, Mac Orlan, Ilja Ehrenburg, Martin Mau-
rice und viele andere. Ettore bedauerte es, die Liebenswür-
digkeiten Romains' nicht erwidern zu können, da er dessen
Bücher noch nicht kannte, um mit ihm darüber sprechen zu
können. Er beeilte sich, sie gleich am nächsten Tag zu erwerben, und las sie sofort bei seiner Rückkehr nach Triest.
Er besaß diese unersättliche und jugendliche Begierde, alles
kennenzulernen. Er las sehr viel, besonders nachts, und oft

weckte er mich mitten in der Nacht auf, um mir eine Stelle, die ihm besonders gefallen hatte, laut vorzulesen. Seine letzte literarische Liebe galt Kafka, und er nahm sich vor, eine Abhandlung und eine Kurzbiographie über ihn zu schreiben. In jener Zeit tauchten bei uns daheim oft junge Kritiker und Schriftsteller auf, die auf der Durchreise in Triest waren und ihn persönlich kennenlernen wollten. Man kam Italo Svevo besuchen und nicht mehr Herrn Schmitz. Auf den Empfängen im Hause Veneziani erschienen jetzt diese neuen Litera-ten. Ettore empfing sie voller Herzlichkeit und liebte es, ihnen die versteckten Sehenswürdigkeiten Triests zu zeigen. Er fuhr mit ihnen im Wagen die Küste von Barcola entlang bis zum weißen Schloß von Miramare, ließ sie die steilen, farbenfrohen Sträßchen der Altstadt hinaufsteigen, in deren alten Häusern die echtesten Einwohner Triests wohnten, bis zum alten Schloß von San Giusto, um von dort aus die Herr-lichkeit des Golfes zu bewundern, und um die Stadt zu sehen, die, wie er es beschrieb

> »mit ihren weißen Häusern am Ufer das Meer in einem
> weiten Halbkreis umarmt, und es scheint, daß ihr diese
> Form von einer gewaltigen Welle gegeben wurde, die sie
> zum Zentrum hin zurückgedrängt hat«.

Er begleitete seine Gäste zum Gartenfriedhof, machte vor Winckelmanns Kenotaph halt. Einmal führte er Pirandello und Marta Abba bis zu den Grotten von Postumia. Er ver-trieb diesen willkommenen Gästen die Zeit mit Gesprächen über Bücher, über Völker und Länder, Themen, die ihm besonders am Herzen lagen. In diesen Unterhaltungen sprach er die feinsten und verborgensten Gefühle des menschlichen Herzens an, ohne jemals seine Einfachheit zu verlieren, und selbst die schlichteste Anekdote enthüllte ihm eine fremde Welt. So kam auch Leo Ferrero in unser Haus, zu dem er, als er mich vorstellte, sagte: »Sehen Sie, sie schielt nicht«, womit er auf die Augusta anspielen wollte, Zenos Ehefrau, die mir

äußerlich so gar nicht ähnelte, der er aber meine Charakter-
züge gegeben hatte.

Es besuchten uns auch Eugenio Montale, Giacomo Debenedetti, Saba und viele andere Schriftsteller, auch aus dem
Ausland. In ihren Unterhaltungen ging es um alle menschlichen Probleme. Um Politik kümmerte sich Ettore nicht,
höchstens als neugieriger Beobachter, vielleicht mit einem
Anflug von Skepsis. In einer Fabel schilderte er das so:

> Der liebe Gott wurde Sozialist. Er schaffte die Hölle
> und das Fegefeuer ab und versetzte alle gleichrangig ins
> Paradies. Dort ging es einem gut, in ewiger Seligkeit.
> Zu eben der Zeit starb ein Krösus und wunderte sich,
> daß er ins Paradies kam. Er gewöhnte sich jedoch sofort
> an die neue Existenz, ja er fing schon bald an, sich zu
> beklagen.
> »Was fehlt dir denn?« fragte der Herr ärgerlich.
> »Ach Herr! Schick mich wieder auf die Erde! Das hier
> ist nicht das wirkliche Paradies: Hier sieht man keinen
> leiden.«

Aber auch die Notleidenden kamen zu ihm, und Unbekannte
trugen ihm ihre Angelegenheiten vor. Und Ettore hörte ihnen
allen voller Menschlichkeit zu. Er verstand es zuzuhören. Und
er war ein Mann, der gute Ratschläge zu geben wußte. Aber
dies kam auch schon vor, bevor er berühmt war, denn in der
Stadt war er bekannt für seine große Güte, für seine alles
verzeihende Nachsicht, die immer mildernde Umstände fand,
selbst für jene, die ihm Unrecht getan hatten.

Der Erfolg hatte ihn keineswegs überheblich gemacht, obwohl er sich seiner Bedeutung voll bewußt war. Als ich ihn
eines Tages gefragt hatte: »Ettore, hast du immer geglaubt,
als Schriftsteller einen Rang zu haben?«, antwortete er mir
voller Überzeugung:

»Ja, ich war immer der Meinung, etwas Gutes gemacht
zu haben.«

Er hatte wieder angefangen zu arbeiten, obwohl er an seinen
Kräften zweifelte.

»Was kann ein Mann machen, der fast siebzig Jahre alt
ist?«

Im Gespräch mit Freunden hatte er gesagt:

»Die Zeit der Illusionen ist vorbei. Ich erlebe höchstens
noch einen goldenen Untergang.«

Auch bei mir beklagte er sich oft: »Ich werde dich bald verlassen müssen«, und das mit so viel Beharrlichkeit, daß ich ihn,
beeindruckt, angefleht hatte, das nicht mehr zu sagen. Er war
nicht mehr derselbe wie früher, heiter, voller Scharfsinn:
Etwas in ihm war schwächer geworden nach dem anfäng-
lichen Freudentaumel, fast so, als ob die große Flamme des
Erfolgs einen Teil seiner Lebenskraft aufgezehrt hätte. Sein
guter tiefer Schlaf war unruhig geworden. Er konsultierte
keine Ärzte, was er immer vermieden hatte, und er nahm keine
Medikamente (es war ihm noch nie gelungen, länger als acht-
undvierzig Stunden das Bett zu hüten), und dennoch dachte er
ununterbrochen an Krankheit und Tod. Er lauschte mit
äußerster Aufmerksamkeit auf die Signale seines Körpers.
Manchmal erhob er den rechten Arm und streckte die Faust
vor, fast als wolle er sich vor einem unsichtbaren Feind schüt-
zen, und sagte mit bekümmerter Stimme: »Ich spüre es
kommen, ich spüre es kommen!« Und wenn ich von ihm
wissen wollte: »Was denn?«, erwiderte er: »Den Schlag.« (Das
ist der Ausdruck, mit dem in unserem Dialekt der Gehirn-
schlag bezeichnet wird.) Aber seit vielen Jahren nagten an ihm
die Besessenheit und der körperliche Verfall. Es gibt eine
Notiz von ihm, vom 10. Oktober 1899, in der er schreibt:

Es ist seltsam, daß der Vorgang der Geburt auch den
Schmerz über den Tod mit sich bringt, und noch selt-

samer, daß ich, mit fast vierzig Jahren, mich darüber
wundere. Es ist ein Beweis dafür, daß ich mir noch einen
Rest kindlicher Naivität bewahrt habe, und darüber bin
ich glücklich. Ich war gestern abend kurz vorm Ein-
schlafen, als mich dieser grauenhafte Gedanke traf.
Bekümmert hörte ich in mich hinein, ob es da schon
dieses Gefühl von Schmerz und Tod gäbe. Es gelang
mir, mir einen dumpfen Schmerz, brennend, unaufhörlich, unheilbar, ohne Erleichterung oder Pause vorzustellen. Mir wurde klar, daß die Fähigkeit, ein bißchen
Luft einzuatmen, ein Gut ist, das wir nicht mit jenen
Gütern zahlen können, die wir zur Verfügung haben.
Dann gelang es mir noch, mir den Tod des Auges vorzustellen.

Er versuchte, sich mit einem gewissen System Regeln für ein
gesundes Leben aufzuerlegen. Er liebte das Auto, bevorzugte
aber lange Spaziergänge in der Umgebung Triests und pflegte
oft den nicht kurzen Weg von unserem Haus in Servola bis zur
Börse zu Fuß zurückzulegen. In den letzten Jahren hatte er, der
immer einen guten Appetit gehabt und schwere Speisen be-
vorzugt hatte, nachdem er ein wenig zugenommen hatte, auf
das Abendessen verzichtet und es durch ein Glas Milch und
etwas Obst ersetzt. Danach ging er hoch in die Wohnung
meines Schwagers Oberti, der eine große Plattensammlung
besaß, und vergnügte sich einige Stunden damit, klassische
Musik zu hören. Die einzige Gesundheitsregel, die ihm nie
einzuhalten gelungen war, war, das Rauchen aufzugeben. Der
Verzicht auf die dreißig bis vierzig Zigaretten täglich wäre das
einzige gewesen, was ihm wirklich gut getan hätte. Seine
Lungen waren schon sehr beansprucht, und die Angst vor
einem Lungenemphysem lastete auf ihm. Und dennoch liebte
er das Leben. Er empfand es als mächtig und schön mit allen
seinen Erscheinungen, in den kleinen Dingen und in den

großen. Er liebte die Menschen, obwohl er auch ihre weniger edlen Verhaltensweisen gründlich erforscht hatte. Er wußte, daß sich auch in den gewöhnlichen Dingen unerwartete Tiefen verstecken können.

In diesem körperlichen Verfall beherrschte ihn der sehnliche Wunsch nach Arbeit. Aus dem Jahre 1926 stammen einige Erzählungen: *Die Mutter*, von der ich mich an eine erste, bereits 1910 geschriebene Fassung erinnern kann, eine Art Märchen oder Fabel. Sie war so schön, daß sie in einer Vorlesung, die von Professor Ferdinando Pasini an der Triestiner Universität kurz nach Ettores Tod gehalten wurde, dem Publikum mit dem Kommentar vorgetragen wurde, daß sie es verdienen würde, in jeder Anthologie vorzukommen. Und tatsächlich wurde sie in viele Sprachen übersetzt. Nach ihr schrieb Ettore *Ein gelungener Scherz*, das die beengten Verhältnisse in Triest während der Kriegsjahre widerspiegelt; *Feuriger Wein*, in welchem der wahre Hauptdarsteller die Krankheit ist; *Die Novelle vom guten alten Herrn und vom schönen Mädchen*, in der er sich mit den letzten Jahren des Mannes auseinandersetzt, indem er den Zustand des körperlichen Verfalls eines alternden Mannes beschreibt, und die große Ausbeute an Beobachtungen zusammenfaßt, die er auf der Schwelle zum Alter gemacht hatte und die ihm unerforschte Welten eröffnet hatten. Mit großem Eifer machte er sich an ein Werk, das die Krönung seines Schriftstellerlebens darstellen sollte und das statt dessen durch seinen Tod unterbrochen wurde. Er nahm die Gestalt des Zeno wieder auf, aber die eines gealterten Zeno. Es war immer dasselbe Thema, behandelt in einer anderen Zeit: Im April 1927 hatte er einem Kritiker anvertraut:

>»Vielleicht werden Sie bemerken, daß ich in meinem ganzen Leben nur einen einzigen Roman geschrieben habe, um so weniger würde man mir verzeihen, ihn schlecht geschrieben zu haben.«

Aus den vielen Unterlagen, die Ettore zurückgelassen hat, geht hervor, daß er diesen Roman im Frühling 1928 begonnen hat. Eine Seite beginnt so:

Am 2. Januar 1927 schrieb Herr Giovanni Respiro in ein Buch, das er zu dem Zweck erworben hatte, darin seine Memoiren niederzulegen: *Die Bekenntnisse des alten Mannes*. Giovanni war mit dem Fortschreiten der Arbeit wieder zu Zeno geworden, zu dem alten Zeno. »Ich werde also die Gegenwart beschreiben und jenen Teil der Vergangenheit, der noch nicht vergessen ist, nicht, um die Erinnerung daran aufrechtzuerhalten, sondern um mich zu sammeln.«

4. April 1928: »Wie lebendig ist jenes Leben, und wie endgültig tot ist der Teil, den ich nicht erzählt habe; ich suche manchmal voller Bangen nach ihm und fühle mich dabei wie verstümmelt, aber er ist nicht wiederzufinden. Und ich bin mir auch bewußt, daß jener Teil, von dem ich berichtet habe, nicht der wichtigste ist. Er ist wichtiger geworden, weil ich ihn zu Papier gebracht habe, und was bin ich jetzt? Nicht der, der lebte, sondern der, der schrieb. Oh! Das einzig Wahre im Leben ist die geistige Sammlung. Sobald es alle mit der Klarheit verstehen werden, mit der ich es verstanden habe, werden alle schreiben; das Leben wird literarisiert werden. Die Hälfte der Menschheit wird sich der Lektüre und dem Studium dessen widmen, was die andere Hälfte aufgeschrieben hat, und diese Andacht wird die meiste Zeit in Anspruch nehmen, die so dem schauderhaften wirklichen Leben entzogen wird. Und wenn ein Teil der Menschheit rebellieren und sich weigern wird, die Weisheiten des anderen Teils zu lesen, um so besser. Jeder wird sich selbst lesen. Und das eigene Leben wird klarer werden oder geheimnisvoller, aber es wird sich

wiederholen und sich berichtigen, das Eigentliche wird sich herauskristallisieren. Zumindest wird es nicht das bleiben, was es ist, unbedeutend, begraben, kaum daß es geboren ist; mit jenen Tagen, die vergehen und sich einer dem anderen gleich anhäufen, um die Jahre und Jahrzehnte zu bilden. Das so leere Leben wird nur in der Lage sein, als das zu erscheinen, was es ist: eine Zahl auf einer statistischen Tabelle der Bevölkerungsbewegung.«

Jetzt bereitete ihm die Arbeit eine gewisse Mühe. Vielleicht war sein Herz zu müde, auch wenn sein Geist immer noch aufmerksam war, ja sogar immer scharfsinniger. Die Berühmtheit, die er erlangt hatte, erlegte ihm eine größere Verantwortung auf, und das Problem der Sprache quälte ihn noch mehr als früher. In unserem Sommerhaus in Opicina, Villa Letizia genannt, das er so sehr liebte und in dem er seinen letzten Sommer verbrachte, muß er viele Seiten des neuen Buches neu geschrieben haben. Das Haus, umgeben von alten Pinien und Roßkastanien, befand sich am Ende des Ortes, nahe der Straße nach Banne. Im Sommer war es eine kühle und herrliche Zufluchtsstätte.
Im Eßzimmer hatte Letizia italienische und bäuerliche Möbel aus dem 17. Jahrhundert gesammelt. An den Wänden hingen künstlerische Kupferdrucke und viele Reliefarbeiten aus Holz, die dazu gedient hatten, Muster auf Stoffe und auf die Tafelbutter zu drucken. Es gab auch ein antikes Spinett. Unser Zimmer lag im ersten Stock. Die Mahlzeiten nahmen wir zusammen mit Letizia und den Kindern ein. Ettore unternahm oft Spaziergänge in die duftenden Pinienwälder oder in Richtung des Obelisken, von dem aus er sein ganzes Triest überblicken konnte: ein Häusermeer, eingeschlossen zwischen den Bergen und dem Golf, der blaue Teppich der Wellen, die Küste Istriens, die am Horizont verschwamm. Der Wagen brachte uns in zwanzig Minuten den malerischen

Abhang hinab in die Stadt. Ettore fuhr jeden Tag hinunter,
um ins Büro zu gehen.

Im April 1927 konnte er sich darüber freuen, daß der Verlag
Bragaglia in Rom eine kurze dramatische Erzählung von ihm
veröffentlichte mit dem Titel *Gemischtes Terzett*. Die Kritik
erklärte diese kurze Geschichte für »merkwürdig, originell,
interessant«, aber das Publikum empfand dies nicht so. Das
Theater, das seine geheime Liebe war, ließ ihm nie die erhoffte
Befriedigung zuteil werden. Es war sein erster künstlerischer
Traum gewesen und blieb sein geheimer Kummer. Es hatte ihn
immer leidenschaftlich angezogen. Sein ganzes Leben lang
war er einer der beständigsten Besucher der Vorstellungen des
Teatro Verdi gewesen, und auf unseren Auslandsreisen hatte er
nie versäumt, den bedeutendsten Aufführungen der Bühnen
in London und Paris beizuwohnen.

> »Die Form der Formen, das Theater, die einzige, in der
> sich das Leben direkt und genau darstellt«,

sagte er.

Bis zuletzt quälte er sich mit seinen Theatermanuskripten.
Aber es war da etwas im Handlungsablauf, das ihn häufig
verunsicherte. Er hatte sich darum bemüht, die Gesamtheit
seiner Ideen auf das Theater zu übertragen, und hatte dabei
immer am Gelingen seiner Versuche gezweifelt. Deshalb hatte er viele Male mit Silvio Benco über den dritten Akt von
Ein Ehemann diskutiert, sein bestes Theaterstück, die Komödie, in die er am meisten Arbeit investierte, wegen der
umfangreichen Nachforschungen und auch aufgrund der Bedeutung, die selbst die Nebenrollen besaßen, das umzu-
schreiben er dennoch versucht war. Dennoch hatte er nichts
damit unternommen. Um Rat bittend, hatte er sich an einen
berühmten Bühnendichter gewandt – von dem ich vermute,
daß es Pirandello war –, und dieser hatte ihm nicht geantwortet. Zwischen den handgeschriebenen Blättern habe ich
diesen Entwurf eines Briefes gefunden:

Hochgeschätzter Herr, es ist ein ziemlich Unbekannter,
der Ihnen schreibt. Vor Jahren veröffentlichte ich einen
Roman, der sogar von Dr. Domenico Oliva und anderen gelobt wurde. Es scheint, daß meine Kritiker ge-
ringen Einfluß auf das Publikum haben, denn mein
Roman blieb wenig gefragt. Ich hielt mich in meinem
Winkel verborgen, aber ich versichere Ihnen, daß ich
mit voller Sympathie und ohne irgendwelchen Groll die
Karrieren meiner glücklicheren Kollegen verfolgte.
Das macht meinem Charakter Ehre, aber auch (und nur
deshalb spreche ich darüber, denn ich möchte ein paar
Worte finden, die Ihnen das Vertrauen in mich einflößen,
dessen ich bedarf) meinem kritischen Verstand. In der
Tat, für den Erfolg genügt es nicht, gute und vielleicht
auch originelle Ideen zu bieten, sondern man muß sich
ganz präsentieren, ausgewachsen, fertig. Ich dagegen
bin ein Unglücksmensch, der viele, viele halbe Dinge
machen könnte, aber keines ganz. Nie habe ich diesen
Mangel bei mir so stark empfunden denn als ich mich in
der Lage eines Komödienautors fand! Sie wissen genau,
daß der Aufbau einer Komödie klar und durchschaubar
sein muß, so sehr sie auch auf einem komplexen Ge-
dankengefüge beruhen mag. Auch ich weiß es, aber das
Schlimme ist, daß, wenn ich diese Klarheit suche (und
schon dieses Suchen ist schlimm), alles in meinen armen
Händen verelendet, die wegschneiden, hinzufügen und
dabei das Ganze umformen, ohne daß es ihnen gelänge,
jenen Lichtstrahl in die Arbeit einzubringen, der sich im
Prisma brechen kann, doch so, daß er wiederherstellbar
bleibt. Ist es eine Sache des Ohrs oder der Hand? Ich
weiß es nicht und werde es wahrscheinlich nie wissen,
wenn Sie mir nicht helfen.
Ich erlaube mir nicht, ein Werturteil über Ihre Stücke
abzugeben, sicher aber ist, daß unter Ihren Begabungen

jene Eigenschaft hervorsticht, die mir fehlt: Ich suchte, wer unter unseren Autoren am meisten vor meinen Unzulänglichkeiten zurückschrecken könnte, und fand, daß dies genau Sie seien.

Noch wage ich nicht, Ihnen vorzuschlagen, Sie möchten meine Komödie überarbeiten; dies vorzuschlagen werde ich erst wagen, wenn Sie sich bereit erklärt haben, mein Stück zu lesen, und es Ihnen so gefallen sollte, daß Sie meinen Vorschlag annehmen, den ich Ihnen jetzt . . . nicht machte.

Ich unterzeichne, hochgeschätzter Herr, als Ihr sehr ergebener   Italo Svevo

Tatsache ist, daß Pirandello ihn nicht verstand, und dieses Unverständnis war eine seiner letzten Enttäuschungen. Er hatte kein Glück gehabt mit den italienischen Literaten. Nie hatte er einen Versuch unternommen, sich an D'Annunzio zu wenden, für den er wirklich keine Sympathie empfand, und dieser hatte ihn seinerseits immer ignoriert.

Es waren die jungen Schriftsteller, die eine neue Empfindsamkeit besaßen, die ihn suchten und ihn als Meister anerkannten. Und ihnen hatte er diese Belehrung gegeben:

»Um das zu lieben, was man selbst zu sagen hat, muß man es gesagt haben, und zwar muß man es selbst, dürfen es nicht die anderen gesagt haben.«

Inzwischen hatten neben *Zeno* auch seine anderen Bücher Ansehen erlangt, und besonders *Ein Mann wird älter* hielt man für einen vollendeten und harmonischen Roman.

Trotz des wachsenden Ruhms nagte die Unzufriedenheit über sich selbst an ihm, und das Gefühl, daß ihm nur noch eine kurze Zeitspanne zu leben beschieden war, wurde immer schmerzlicher.

Der Sommer, der letzte seines Lebens, näherte sich. Während der Ferien, in der Villa Opicina, wurde der Blätterhaufen des

Greises immer größer. Über dieses Vorhaben hatte er am 16.
Mai 1928 folgendes an Benjamin Crémieux geschrieben:

> Im übrigen geht es mir, nach einigen wenigen Wochen,
> so gut, daß ich mich mit plötzlicher Entschlossenheit
> darangemacht habe, einen neuen Roman zu schreiben.
> *Der Greis*, eine Fortsetzung des *Zeno*. Ich habe etwa
> zwanzig Seiten davon geschrieben und amüsiere mich
> köstlich. Es wäre kein Malheur, wenn ich ihn nicht
> beenden sollte. Indessen werde ich einmal mehr in mei-
> nem Leben von Herzen gelacht haben.

Aber auch jetzt hatte er sich noch nicht völlig von der Fabrik
befreit; sie beanspruchte ihn immer noch mit Hunderten von
Belangen. So konnte er sich nicht einmal in der letzten Phase
seines Lebens ausschließlich der Literatur widmen, wie er es
sich immer erträumt hatte.
Aus dieser Zeit stammt sein letzter Brief an Frau Crémieux:

> Triest, den 19. August 1928
> Meine liebe, gute Freundin,
> ich habe seinerzeit Ihren lieben Brief vom 28. Juli er-
> halten und mich von der darin enthaltenen Nachricht so
> geehrt gefühlt, daß ich mich an Ihre Entscheidung erst
> gewöhnen mußte, ehe ich antwortete. Denken Sie ja
> nicht, Sie hätten uns in Paris vernachlässigt. Von Ihnen
> und Ihrem Gatten kam uns alles zu, was wir vernünf-
> tigerweise erwarten konnten, und in jedem Fall mehr,
> als wir verdienten. Wir sind in Paris nicht mehr fremd,
> und wir kennen Ihr Leben. Ich habe vielmehr meine
> Studien über die Pariser Hunde vervollständigt, indem
> ich entdeckte, daß es sie kränkt, wenn man sie beob-
> achtet, denn das sind sie nicht gewöhnt. In Paris hat
> niemand Zeit, sie zu stören. Damit wir zusammensein

können, müßten Sie nach Triest kommen. Ich habe hier so viele schöne Sachen, die ich Ihnen zeigen kann und auf die ich stolz bin. Es stimmt, daß auch ich beschäftigt bin, mit der Unterwassermalerei, aber in besonderen Fällen kann ich mich freimachen. Und es gäbe keinen besondereren Fall, als wenn Sie und Herr Crémieux nach Triest kämen. Ich habe jetzt diesen scheußlichen Sommer zwischen Opicina und Triest verbracht, immer in der Hoffnung, daß ein Stückchen Paris (ein kleines, aber wichtiges) käme, um mich zu trösten. Je mehr die Jahre vergehen, desto größer wird meine Dankbarkeit gegen Herrn Crémieux (und Sie, die Sie mir – von sich aus – Mut machten, ehe sich dieser Faulpelz zum Schreiben entschloß). Ich mußte herzlich lachen, als gestern im ›Corriere della Sera‹ Borgese den Vorwurf gegen Crémieux erhob, er habe sich in seinem »Panorama« nicht genügend mit mir beschäftigt. Crémieux erntet nichts als Vorwürfe. Recht geschieht es ihm . . . warum kommt er nicht nach Triest. Er beschäftigt sich wirklich nicht genug mit mir.

In einigen Tagen werde auch ich für etwa zwei Wochen in die Berge fahren, nach Bormio (Veltlin). Aber nach dem 10. September bin ich bestimmt wieder hier. Ich würde ohne weiteres früher zurückkehren, wenn ich wüßte, daß Sie hier sind.

Ich habe große Angst, daß wir uns nie mehr wiedersehen. Ich fahre nicht mehr nach London, weil mich das Reisen anstrengt, und es ist sehr unwahrscheinlich, daß ich noch einmal nach Paris komme. Die Eisenbahn ruft einen regelrechten Widerwillen in mir hervor. Nach Bormio gelange ich in 10 Stunden Autofahrt. Und mir ist nur allzu klar, daß man sich in Triest nie sehen wird. Herr Crémieux hat es verstanden, diese Verpflichtung in Rumänien loszuwerden, nur um nicht durch Triest kom-

men zu müssen, und dafür fährt er lieber nach Nor-
wegen.

Sie fragen mich nach meinen Vorhaben. Ich möchte einen neuen Roman schreiben: *Der Greis*, eine Fortset-
zung des *Zeno*. Ein paar Kapitel habe ich bereits
niedergeschrieben, die jedoch alle überarbeitet werden
müssen. Es schleicht sich da ein falscher Ton ein. Ob das
die Unfähigkeit des alten Mannes ist? Sollte ich ein Kapitel zuwege bringen, das mir gefällt, dann werde ich es
Ihnen schicken.

Von meiner Frau einen herzlichen Gruß an Sie, an Herrn
Crémieux und einen Kuß für Francis.

Was mich betrifft, so küsse ich Ihnen ergeben die Hand.

Ihr Ihnen sehr verbundener   Italo Svevo

Ein sehr hoher Blutdruck plagte sein Herz, und wie schon im
Vorjahr begaben wir uns zur Kur nach Bormio, wohin wir
den kleinen Paolo, unseren sechsjährigen Enkel, mitnahmen.
Im vorhergehenden Jahr hatte die Kur ihm eine Zeitlang
Erleichterung verschafft, und deshalb war es sein Wunsch,
sie zu wiederholen. Der Aufenthalt war unbeschwert und
Ettore glücklich gewesen, dieses neue junge Leben an seiner
Seite heranwachsen zu sehen. »Wie schön ist es doch, Ciccio
dabei zu haben«, meinte er oft.

Am vorletzten Tag, während er sich in dem Zimmer neben
meinem ankleidete, hörte ich ihn plötzlich ausrufen:

»Schließlich könnte ich auch sterben, denn ich war
glücklich genug.«

Als ich diesen seltsamen Ausruf vernahm, der mich sehr betroffen machte, fragte und sagte ich nichts. Bis zuletzt hatte er
mit großem Eifer an seinem Werk *Der Greis* gearbeitet. Auch
an jenem Morgen schrieb er noch, als ich ihn rief, um ihm
mitzuteilen, daß alles für die Abreise bereit sei. Er unterbrach
seine Arbeit augenblicklich. Die letzten Seiten sind erfüllt von

der Vorahnung des Todes, und die folgenden Stunden sind auf ihnen mit erschütternder Klarheit beschrieben:

Für die Frauen war der Kampf ohne jegliche Hoffnung, wenn die Religion ihnen nicht half. »Es ist wahr«, sagte sie, überzeugt von der eigenen Schwäche. Und dann gestand sie voller Rührung zum ersten Mal, wie es ihr möglich gewesen war, ohne Schrecken neben ihm, dem Atheisten, zu leben. »Ich habe immer auch für dich gebetet, vor allem für dich . . .«
Und er wollte beweisen, daß auch er, auf seine Art, an sie gedacht hatte. Für sie bereitete er sich unaufhörlich auf den Tod vor. Es war anzunehmen, daß er vor ihr sterben würde. Er mußte ihr ein Beispiel sein. Nicht immer half die Religion, Mut zu machen . . . Denn der Gedanke an den Tod muß der eines gesunden Mannes sein. Lebendig und stark muß dieser Gedanke sein, nicht krank. Der Gedanke an den Tod war der Gedanke, der den anderen die Religion gab. In ihm hatte sich die Religion nicht entwickelt. Sie war wie eine anerkannte und bestätigte Religion geblieben, jedem Bedürfnis vollkommen entsprechend. Man braucht den Himmel nicht, um gut und barmherzig zu werden. Der Gedanke an den Tod milderte alles. Die Leidenschaft des Kampfes um das Leben wurde gemildert durch die Entscheidung, sich auf den Tod vorzubereiten.
Auch die Niederlage wurde in diesem Licht unbedeutsam . . . »Nichts erschien mir so bemitleidenswert und lächerlich wie die Bewegungen des Tieres, wenn sich das Messer des Metzgers ihm nähert.«
Dann, bevor er einschlief, dachte er: »Mich bedroht der Tod nicht. Ich bin stark. Wie wird sie meinen Tod ertragen? Wird sie in der Lage sein, meine Resignation nachzuahmen? Aber wie wird sie verstehen können, daß

es in den Gesetzen der Natur weder Schmerz geben kann, noch Schrecken?«

Dann erkrankte er, und die Atemnot wird mit einer echten Todesangst beschrieben. Die Frau betete in der Dunkelheit. Und dennoch war sie sich bewußt, daß es ein unvergleichliches Elend darstellte, sich niederzuknien, um ein Wunder zu erflehen . . . Und sie fand den Frieden, den sie für ihn erbeten hatte. Das Bangen dauerte an, aber er war von der Anstrengung befreit worden, sich ihm zu entziehen. Und sie, für die der Tod nichts beendete, dachte, nach einem Trost für so viel Pein suchend: »Jetzt hast du also deine Vergeltung. Wie tüchtig du bist.«

Sein Tod war genau das, was er nicht gewollt hatte: der Schrecken . . . Und für lange Zeit dachte Teresa zögernd an den Schrecken dieses Todes. Er hatte eine Schuld anerkannt: Welche Schuld? Seine Irreligiösität. Und sie dachte, daß er sich im letzten Moment bekehrt hätte. All das, was auf Erden von Roberto existierte, also in Teresas Herzen, bekehrte sich. Lautlos bekehrte sich nur das Vertr . . .

Hier bricht die Seite ab.

Der Morgen kündigte einen dunklen Tag an: Es regnete ununterbrochen; trotzdem fuhren wir um acht Uhr ab, denn wir wollten vor Einbruch der Dunkelheit in Trient sein. Wir lenkten den Wagen auf die Stadt zu, die wir abends erreichten, und übernachteten dort. Am folgenden Tag reisten wir morgens weiter, und gegen Mittag kamen wir in Treviso an, wo wir zum Essen halt machten. Es regnete in Strömen. Ich fragte den Fahrer, Giovanni Colleoni, ob es nicht gefährlich wäre, bei diesem starken Regen weiterzufahren. »Nein, im Gegenteil, es fährt sich besser«, erwiderte er mir. Paolo, der unseren Weg auf der Landkarte verfolgte, rief plötzlich aus: »Sieh mal, Großmutter, diese Karte endet in Motta di Liven-

za.« Wir fuhren los. Nachdem wir die zweite Brücke über
dem Livenza in Motta überquert hatten, brach der Wagen
plötzlich nach rechts aus. Um ihn wieder auf die Mitte der
Straße zu bringen, lenkte der Fahrer abrupt nach links. Die
hinteren Räder fanden keinen Halt mehr auf dem rutschigen
Boden, und im Zickzack fahrend prallte das Auto mit voller
Wucht gegen einen Baum. Ich hörte Ettore schreien: »Giovanni, was machen Sie?«, und dann war es still. Als ich wieder
zu Bewußtsein kam, spürte ich einen heftigen Schmerz an der
Stirn: Der Aufprall hatte eine Fraktur des Hinterhauptkno-
chens bewirkt, und voller Schrecken bemerkte ich Paolos
blutüberströmtes Gesicht.

Ettore, im Wagenfond, jammerte: »Mein Bein, mein Bein!«
Der Fahrer, der unversehrt geblieben war, zog ihn aus dem
Auto, und da er sich nicht aufrecht halten konnte, setzte er ihn
im Regen auf die Straße. Es war halb drei Uhr nachmittags.
Als auch ich mit Hilfe des Fahrers aus dem Auto gekrochen
war, beeilte ich mich, Paolos Wunden mit den Medikamenten
aus der kleinen Reiseapotheke zu desinfizieren.

Inzwischen waren Bauern herangekommen, die nach Motta
eilten, um einen Krankenwagen zu rufen. Ein französisches
Auto lud mich und Paolo ein, ein Wagen aus Motta Ettore.
Als der Arzt im Krankenhaus uns sah, befahl er augenblicklich: »Zuerst den am schwersten Verletzten«, und zu meiner
großen Verwunderung (ich war überzeugt davon, daß meine
Verletzungen die schwersten seien), trugen sie Ettore als ersten davon. In diesem Moment bekam ich Angst um ihn.
Und tatsächlich begann sofort seine Atemnot. Es war sein
schwaches Herz, das den schweren Schock nicht mehr aus-
hielt, auch wenn die Wunde am Bein keine tödliche Gefahr
darstellte.

Wir verbrachten eine grauenhafte Nacht. Wir befanden uns
alle drei in ein und demselben Zimmer, in drei nebeneinan-
derstehenden Betten. Noch vor Morgengrauen kam unsere

Tochter Letizia mit ihrem Mann und einem Neffen von uns, der Arzt war, Doktor Aurelio Finzi.

Am Morgen verschlechterte sich Ettores Zustand, er konnte nichts mehr zu sich nehmen. Als er bemerkte, daß Letizia weinte, sah er sie nachdenklich an und sagte zärtlich:

»Nicht weinen, Letizia; sterben bedeutet gar nichts.«

Er hatte schon eine geschwollene Zunge, und als er seinen Neffen sich eine Zigarette anzünden sah, machte er eine fordernde Geste. Aurelio schlug ihm die Zigarette aus. Daraufhin sagte er mit schon unbeholfener Stimme:

»Dies wäre wirklich die letzte Zigarette.«

Eine Schwester trat ein und fragte mich leise, ob es nötig sei, einen Priester zu rufen. Obwohl ich sehr gläubig bin, erwiderte ich, daß ich dies nicht für gut hielte. Ettore hörte mich, und ich sah, wie er die Hände im Gebet zusammenfaltete. Ängstlich wollte ich wissen: »Ettore, willst du beten?«

»Wenn man nicht das ganze Leben lang gebetet hat, hilft es im letzten Moment auch nicht«,

murmelte er mit matter Stimme. Dann sprach er nicht mehr. Zwei Stunden später war er tot. Es war halb drei Uhr nachmittags am 13. September 1928.

So beendete eine Katastrophe sein Leben. Unser gemeinsames Leben war vorbei. Er, der sich mir in jungen Jahren genähert hatte und der mich so viele Jahre lang zärtlich geführt hatte, war nicht mehr. Ich mußte mich allein den schrecklichen Ereignissen stellen, die mir bevorstanden; allein, ohne seinen Zuspruch, die grausamen Schrecken ertragen, die der Krieg für unsere Familie bereithielt.

Wieder in Triest, fand ich zwischen seinen Unterlagen einen Abschiedsbrief, der an mich gerichtet war. Er war vor sieben Jahren geschrieben worden, einige Tage nach dem Tod meines Vaters:

Gestern haben wir Gioachino beerdigt, und ich halte es
für dringend geboten, zwar nicht meinen Letzten Willen zu verkünden, aber dafür zu sorgen, daß die Ge-
fährtin meines Lebens, meine Frau Livia, nach meinem
Tod ein Wort des Grußes und der Aufmunterung vor-
findet. Sie soll sich daran erinnern, wie gut und sanft sie
immer zu mir war und wie ich ihre Güte und Sanftheit
geschätzt, ja geradezu davon gelebt habe, damit sie
nicht in den nervösen Zustand verfällt, an dem sie beim
Tod jedes Familienmitglieds leidet. Ich will nicht auf-
dringlich erscheinen, aber sie soll wissen, daß ich mit
der Zuneigung, die sie mir im Leben gezeigt hat, völlig
zufrieden bin und nach meinem Tod keine Trauerbezeu-
gungen, Ehrungen oder ähnliche Dinge verlange. Sie
soll leben, wie es ihr Wunsch ist, und mein Tod soll ihre
Freiheit, die ich ihr willentlich nie beschnitten habe,
erhalten und vergrößern. Alles in allem will ich mit
diesen vielen Worten nichts anderes tun, als ihr einen
letzten zärtlichen Kuß senden. Addio, liebe Livia!
Meinen Kindern Antonio und Letizia Fonda lege ich sie
ans Herz. Möge sie an ihnen eine Stütze finden und mit
ihr die ganze Zuneigung und Achtung, die sie verdient.
Das, hoffe ich, werden sie immer als die Bestätigung der
Gefühle empfinden, die in ihrem Herzen leben, und
nicht als meinen Letzten Willen. Auch ihnen beiden
sende ich einen zärtlichen Kuß mit dem Wunsch, die
Zuneigung, die sie zusammengeführt hat und die meine
und Livias Freude war, möge unvermindert andauern.

LANGE ZEIT WAR ICH KRANK. In dem angstvollen Erstaunen, das mich verzagen ließ, erreichten mich liebe Stimmen aus der Ferne, wie helfende Hände, die sich mir voller Freundschaft entgegenstreckten. Alle diejenigen, die Ettore besser gekannt hatten, standen mir sehr nahe. Ich möchte einige Beileidsbriefe anführen, allen voran den der Crémieuxs:

Paris, den 16. September 1928

Liebe Freunde,

drei Zeilen in einer französischen Zeitung, ohne eine Erklärung, ohne eine Einzelheit, wir haben erfahren, daß es aus ist, und bis am folgenden Tag sind wir vergeblich herumgelaufen, um eine Bestätigung in den italienischen Zeitungen zu finden, bald darauf hoffend, daß die Geschichte falsch sei, so sehr wünschten wir uns, sie nicht glauben zu müssen.

Alle seine lieben Briefe, wir haben sie wieder zur Hand genommen, sie zusammengesucht, wiedergelesen, und in allen, oder zumindest fast allen, hat er diese Bitte an uns gerichtet, die unseren Schmerz noch vergrößert: »Kommen Sie nach Triest, oder wir werden uns nicht mehr wiedersehen.« Warum haben wir ihm nicht geglaubt? Warum sind wir letzten August nicht gekommen? Warum haben wir uns, als wir durch die Toskana reisten, nicht gemeldet? Vielleicht hätte das Unglück vermieden werden können. Alles ist ungerecht gewesen in Svevos Leben. Auch jene, die wie ich sich das Ende dieser Ungerechtigkeit wünschten, haben nicht so viel daran gearbeitet, wie es ihre Pflicht gewesen wäre, um es zu beenden. Er hat mir seine Dankbarkeit für das bewiesen, was ich für ihn getan habe, mit seiner Güte, so voller Freundlichkeit und Schalkhaftigkeit, voller Resignation, die so typisch für ihn war, aber lange Zeit habe ich ihn auf das wenige, was ich für ihn getan habe, warten lassen. Ich habe nichts als Gewissensbisse. Ich wußte genau, spürte genau, daß er mehr als den Ruhm die Freundschaft nötig hatte; ich wußte genau, daß er einer von diesen Menschen voller Zuneigung war, immer dazu bereit, sich zu geben, aber daß er es unaufhörlich nötig hatte, sich den Freunden nahe zu fühlen.

Ich bin sicher: Es ist das Leben, das harte Leben, das es verhindert, daß man aus sich selbst herausgeht. Aber wenn man um das Gute weiß, das man für einen anderen Menschen tun kann, und wenn dieser andere Mensch von der Größe Svevos ist, muß man es ihm dann nicht schenken?

Ich kann an nichts anderes denken in meiner Trauer als an all das, was ich noch für ihn hätte tun können und das ich nicht für ihn getan habe. All die Stunden, die wir letzten März noch in Paris zusammen hätten verbringen können und die ich nicht für ihn freigehalten habe. Diese Reise nach Triest, die wir auf das nächste Jahr verschoben haben . . .

Nächstes Jahr, nie mehr wird er dort sein . . .

Ich hatte wenigstens gehofft, daß er dem Unfall erlegen ist, ohne zu leiden. Aber nein, selbst dies nicht! Dem ›Corriere‹ entnehme ich, daß er zwei Tage lang gelitten hat. Daß einer von Ihnen so gut sei, mir zu schreiben, wie er diese letzten Stunden ertragen hat, ob er sich über seinen Zustand im klaren gewesen ist.

Liebe Frau Svevo, meine arme Freundin, ich wage es nicht, zu Ihnen über Ihre Verletzungen zu sprechen, Ihnen meine Wünsche für eine baldige Genesung auszusprechen. Was bedeuten diese Wunden schon im Vergleich zu Ihrem Schmerz? Er ist nicht mehr da, wird nie mehr da sein, mit seiner langsamen Sprechweise, seinem Lächeln, mit diesen Augen, so lebhaft und so traurig, die immer auf Sie gerichtet waren, die sich mit diesem kindlichen Vertrauen auf Sie verließen, wie ein großes Kind, sicher, immer den Schutz zu finden, den er suchte. Inmitten all dem Unverständnis, an dem er gelitten hat, hätte man gern, daß er immer verstanden worden wäre, ermutigt, von Ihnen unterstützt.

Sein Werk lebt, es wird leben: es ist vollständig, man vernimmt in ihm den Klang seiner Stimme, man findet all seine Gesten darin wieder, sein ganzes Herz, all seinen liebevollen Humor. Die Stunde der Gerechtigkeit ist gekommen, aber warum muß es die seines Todes sein.

Dieses Papier, auf dem ich Ihnen schreibe, all das, woran es mich erinnert! Jener Abend im PEN-Club, an dem er so glücklich war, so lebhaft, an dem er um nichts betrogen worden war. Er hat bei all jenen Schriftstellern, die dort anwesend waren, eine Erinnerung voller Charme hinterlassen. Keiner hat ihn vergessen, jeder hat mich bei jedem Treffen nach seinen Erzählungen gefragt.

Die Übersetzung von *Ein Mann wird älter* muß in Frankreich seinen Namen und sein Werk berühmt machen. Ich werde dafür sorgen, das verspreche ich.

Liebe Freunde, ich schäme mich dieses Briefes, der so schlecht ausdrückt, was ich empfinde, dieses Gefühl des ungerechten Zusammenbruchs und meine Rebellion und meinen Schmerz.

Ich umarme Sie,   B. Crémieux

Meine liebe große Freundin,
Ich weiß Ihnen nichts zu sagen, was meinem Schmerz gleichkommt, unserer Trauer; ich kann nicht an dieses Ende glauben; Sie beide kommen uns nächsten Frühling wieder besuchen; oder besser, wir sind es, die Sie besuchen werden, nicht wahr? Ach! Alle Worte sind vergeblich und alle Hoffnungen. Gestern abend habe ich ihm einen langen letzten Brief geschrieben, ich habe mich mit ihm unterhalten; auch

Sie waren anwesend, und Sie haben gelächelt. In Zukunft, wenn ich an Sie denke, und dies wird häufiger sein als je zuvor, werde ich Sie allein vor mir sehen und nicht mehr mit Ihrem Notizbuch zu ihm geneigt, um all die unzähligen Dinge zu notieren, die er nur Ihnen anvertraute.

Wie gerne würde ich Sie sehen, liebe Freundin, Ihnen persönlich unsere Trauer mitteilen, unsere tiefe Freundschaft und daß wir immer bei Ihnen sind, die Sie dreifach verletzt sind. Daß Sie bald wieder gesund seien und daß auch das kleine Kind bald wieder geheilt sei; denken Sie an ihn, der es so schlecht ertragen hat, diejenigen leiden zu sehen, die er liebte.

Ich umarme Sie voller Trauer, teilen Sie Ihren lieben Kindern unsere aufrichtige Freundschaft mit.

Ihre Marianne Crémieux

»Der letzte Brief«, auf den Crémieux anspielt, war im September im ›Nouvelles Littéraires‹ mit dem Titel *Adieu* erschienen.

Mein großer Freund,
Ich überrasche mich selbst, indem ich an Sie auf diesem Tisch schreibe, auf dem Sie letzten Frühling mit einer so glücklichen Geste ein Buch, Blumen, eine Tasse Tee abstellten. Angeblich soll es mein letzter Brief sein, und Sie werden ihn nicht beantworten, Sie, der Sie immer im voraus und so ausführlich geantwortet haben; ich habe gehört, Sie hätten Triest für immer verlassen und daß Sie so weit weg seien, daß Ihre so liebe zittrige Schrift mich nie mehr erreichen wird.

Ich habe alle Ihre Briefe gesammelt. Ich habe sie alle konsultiert. Wen kann man konsultieren, wenn nicht Sie selbst? Ich sehe in jedem Brief die gleiche demütige Bitte: »Liebe Freundin, Sie beide müssen nach Triest kommen; wenn Sie

nicht kommen, dann glaube ich, werde ich Sie nicht wiedersehen.«

Also war es wahr! Sie wußten es. Mit Ihrer hartnäckigen und
weisen Sanftmut bereiteten Sie sich auf die Abreise vor, und
vielleicht wußten Sie auch, daß sie so brutal sein sollte.
Und wir haben Sie gehen lassen, ohne Sie wiederzusehen, Sie,
der uns so sehr rief! Wir armen Tauben! Sie haben Ihre Freunde so sehr gebraucht. Der Ruhm, dieser so spät gekommene
Ruhm, den Sie zwar liebten, aber er war Ihnen nur deswegen
wichtig, weil Ihre Freunde Ihnen dazu verholfen haben; ohne
sie war er Ihnen fremd: Sie brauchten die Freunde, um ihn
wirklich wahrzunehmen. Ich bin ganz sicher, Sie hätten den
Ruhm für Ihre Freunde geopfert.

Sie liebten Ihre Freunde, ganz, naiv, wie die Kinder zu lieben
wissen; Sie brauchten ihre Gegenwart; aber Sie waren so
diskret und so respektvoll dem Leben der anderen gegenüber, daß Sie diese Anwesenheit nicht jedesmal verlangten,
wenn Sie sie nötig hatten, und Sie litten manchmal darunter,
aber Sie litten mit so guter Laune. Ich werde nie Ihre resi-
gnierte Miene vergessen, als ich Sie und Ihre wundervolle
Frau letzten Frühling verließ: Wir hatten einige für uns drei
stärkende Stunden zusammen verbracht. Es war ein Samstag. Ich sagte zu Ihnen: »Bis Dienstag«, ganz normal, wie es
unter Parisern üblich ist; aber Ihr Gesichtsausdruck ließ mich
verstehen, daß ich hätte sagen sollen: »Bis heute abend« oder
»Bis morgen«; ohne Zweifel konnte ich es nicht, aber ich
hätte alles liegenlassen und können müssen; weil Ihr guter
Blick, in dem jedoch kein Vorwurf zu lesen war, traurig
sagte: »So gute Freunde zu sein; in meinem Alter von so weit
her zu kommen und sich nicht jeden Tag zu sehen!«

Ach! Es war so richtig, was dieser Blick sagte!

Lieber Italo Svevo, Ihre Bücher, die so lange brauchten, um
geöffnet, dann gelesen, dann angenommen zu werden, sind
jetzt in allen Schaufenstern, auf allen Tischen, in allen Hän-

den. Es ist kaum nötig, über Ihr ganzes Werk zu sprechen; die
ganze Welt wird es kennen und bewundern; es braucht die
Kritik nicht mehr, weil der Tod sich eingemischt hat.

Aber Sie! Wer wird um die Güte Ihres Herzens wissen? Das
Vertrauen, das Ihre reine Anwesenheit und jede Ihrer fried-
lichen Gesten mir brachte! Wer wird Ihre Stimme kennen,
Ihren Blick, das zärtliche Spötteln, wobei das Spötteln immer
durch die Zärtlichkeit besiegt wurde, Ihre göttliche Unge-
schicktheit sich selbst gegenüber und diese leidenschaftliche
Bescheidenheit, die Sie diesen Helden ähnlich machte, die so
bescheiden waren und der demütigen Hand dankbar sind,
der es möglich war, einen Platz für die Beute zu finden, mit
der sie beladen sind, so daß sie am Ende aufrichtig glauben,
sie hätten geschenkt bekommen, was sie selber erobert haben. Sie waren so ehrlich, indem Sie glaubten, Ihren Freunden alles zu verdanken, aber die Beute gehörte doch Ihnen,
lieber großer Mann, diese nach tausend kleinen Kriegen in
Ihrem ruhelosen und geduldigen Leben eroberte Beute, diese
drei Bücher über Ihre Kindheit und Ihre Jugend, in der die
echten Starken so sind, wie Sie waren: schüchtern und gewissenhaft, angetan von ihrer Wahrhaftigkeit und von all
dem, was bei ihnen lebendig ist, und die um sich herum
Tragödien schaffen und dabei die Familie sehr verblüffen,
weil diese dachte, daß sie nur für die Farce geboren seien.

Dieses lächelnde und so klar Tragische, diese genaue Analyse
jeglicher Bewegungen des Bewußtseins, über die oft gesagt
wurde, daß sie dem gleichen starken Wunsch entspringe, den
auch Proust spürte, die endlose Arbeit des menschlichen Herzens zu beobachten, diese fast krankhafte Nüchternheit des
Ausdrucks, diese ständige Angst, nicht echt genug zu sein
und nur Literatur zu machen, all diese großen Talente des
Schriftstellers, all diese seltenen Eigenschaften des Romanciers waren auch diejenigen dieses Mannes.

Lieber Italo Svevo, Sie, der Sie all die Eitelkeiten getötet hatten, taten so, als hätte Sie der Erfolg eitel gemacht, den Sie mit einer späten Gerechtigkeit erlangt hatten, weil Sie daran Spaß hatten, diejenigen zu verwirren, die nicht verstanden hatten, wer Sie waren.

Wir haben uns schnell kennengelernt: durch die Intelligenz des großen Freundes Valery Larbaud, der Sie als erster gelesen hat, trotz einiger kleinlicher Unschlüssigkeiten.

Wir hatten uns ein großes Zeichen von Treue und Freundschaft gemacht. Sollte ich Sie nicht immer begleiten? Sie machten mir die Ehre, sich bei mir in Sicherheit zu fühlen. Wie kann ich Sie heute nicht begleiten und wie soll ich meinen Schmerz verschweigen?

Mit diesem traurigen Lächeln, das ich Ihnen dahin schicke, wo Sie nicht mehr sind, aber wo vielleicht noch Ihre letzten Worte nachhallen, mit Ihrem etwas langsamen, unterdrückten und so sanft überzeugenden Triestiner Akzent, mit diesem so echten Lächeln meiner Freundschaft, dem echtesten, demjenigen, das es wagt, Ihnen die Bewunderung und die Zärtlichkeit auszudrücken, die man den Lebenden so schwer ausdrückt, das einzige Lächeln, das Sie nicht beantworten werden, lieber großer Freund, wird nie Ihr Haus verlassen.

Marie Anne Crémieux

Auch Joyce stand mir in großer Freundschaft sehr nahe:

Paris, 24. September 1928

Liebe Mrs. Schmitz,

In einer Triestiner Zeitung, die mir aus Le Havre nachgeschickt wurde, las ich einen Bericht über den verhängnisvollen Unfall des armen Schmitz, bei dem auch Sie verletzt wurden. Da ich nicht wußte, wo Sie waren, habe ich Ihnen an Ihre Triestiner Adresse telegrafiert.

Wir sind alle sehr über seinen Tod erschüttert. In den ›Nouvelles Littéraires‹ erschien ein sehr teilnahmsvoller Ar-

tikel von Madame Crémieux, den ich Ihnen zuschicken
lasse.

Ich werde auch den Herausgeber von ›transition‹ bitten, mit
Genehmigung der gleichen Zeitschrift, den Artikel von Mr.
Nino Frank nachzudrucken, den er schrieb, als Sie das letzte
Mal hier waren, und der das beste literarische Porträt meines
alten Freundes ist, das ich kenne. Mir jedenfalls kommt er aus
diesen Zeilen sehr lebendig entgegen.

Würden Sie mir bitte später, wenn die Zeit und die Erinnerung an Ihr inniges Zusammenleben mit Italo Svevo Sie ein
wenig über diesen Verlust getröstet haben, mitteilen, ob er
bei den englischen und amerikanischen Verlegern, denen ich
ihn empfahl, Erfolg gehabt hat?

Ich sprach im Juli mit seinem deutschen Verleger in Zürich,
der mir sagte, er würde das Buch in diesem Herbst heraus-
bringen. Ich hoffe, Sie haben sich von dem Schock und von
Ihren Verletzungen erholt. Es ist vielleicht ein geringer, aber
doch ein gewisser Trost, wenn Sie sich daran erinnern, wieviel Freude wir bei unseren Begegnungen in Paris allesamt
hatten.

Bitte wenden Sie sich an mich, wann immer ich etwas tun
kann, um die Erinnerung an meinen alten Freund wachzu-
halten, an den ich stets mit Verehrung und Zuneigung denke.
Ich spreche Ihnen, liebe Mrs. Schmitz, und Ihrer Tochter
unser ganzes Mitgefühl aus.

Aufrichtigst Ihr   James Joyce

Auch die jungen italienischen Schriftsteller nahmen lebhaften Anteil an meinem Schmerz. Dies schrieb mir Valerio
Jahier:

                                    Paris, den 2. Oktober
Madame,
Bei meiner Rückkehr aus den Niederlanden habe ich Ihre
Anzeige vorgefunden. Bevor ich sie öffnete, fror ich beim

Anblick der Briefmarke aus Triest. Zurück in meinem Zimmer, blieb ich in dem Chaos meiner Koffer, ohne irgend etwas anfangen zu können; die Vorstellung, daß ich Ihren Mann nie mehr wiedersehen würde, nahm mir jeden Mut, jede Lust, mich zu bewegen.

Die Sympathiebekundungen, die Sie zu dieser Stunde erhalten haben müssen, haben Ihnen eine (noch sehr schwache) Vorstellung geben müssen, wer Italo Svevo für all diejenigen war, die ihn gekannt haben.

Ich habe das Gefühl, einen Vater verloren zu haben und nicht diesen noch vor einem Jahr unbekannten Herrn, mit dem ich einige Stunden verbringen und zehn Briefe austauschen durfte.

Ich versichere Ihnen, Madame, wenn ich an den immensen Platz denke, den er in unserem Leben eingenommen hat, daß ich kaum glauben kann, daß mein Verhältnis zu Ihrem Mann zeitlich begrenzt sein kann.

Vielleicht können wir Ihnen eines Tages erzählen, meine Frau und ich, was dieser Sonntag im März für uns bedeutet hat, als wir uns getroffen haben.

Jeden Tag entdecke ich um mich herum Menschen, die vom Werk Italo Svevos ergriffen wurden.

Noch gestern abend, bei einem Gespräch mit André Thérive (Autor der Studie, die Ihrem Mann bei seinem Aufenthalt in Paris überreicht wurde und von der er so gerührt war), sagte er: »Wir wollten ihn ehren, indem wir ihn den italienischen Proust nannten, aber ich schätze ihn weit mehr als Proust.«

Wird Italien ihm die Ehre zuteil werden lassen können, die er verdient hat?

Sind wir uns bewußt, daß gerade unser größter Romanschriftsteller von uns gegangen ist?

Manchmal sage ich mir, daß viele Sünden diesem Frankreich verziehen werden, weil es das erste Land war, das sein Genie erkannt und ihn noch lebend unter den Größten eingereiht hat.

Der Artikel von Madame Crémieux, den ich gerade gelesen habe, hat mich sehr gerührt. Ich glaube, sie hat so gut wie bisher noch keiner die ganze Zärtlichkeit, die ganze Zuneigung vermittelt, die Italo Svevo bei all jenen hervorrief, die das Glück hatten, bei ihm zu sein.

Wenn ich an Ihren Schmerz denke, tröste ich mich mit der Vorstellung, daß Sie wenigstens nicht allein sind, sondern von dieser großen Familie umgeben, die Ihren Kummer teilen kann.

Außerdem wird der Ruhm Ihres Mannes, der nur wachsen wird, Ihnen wie eine Ausströmung seines Lebens, seines tiefsten Wesens folgen.

Die gerührten Gedanken all derjenigen, die ihn geliebt haben, werden Sie nicht verlassen.

Ich bitte Sie, Ihrer Tochter all unsere Sympathie zu übermitteln, und, Madame, meine hochachtungsvollen Wünsche entgegenzunehmen.

Valerio Jahier

Und Giani Stuparich, der in den letzten Jahren jeden Abend im engsten Freundeskreis im »Café Garibaldi« an seiner Seite verbracht hatte, schrieb mir diese zutiefst ergriffenen Zeilen:

Triest, 23. September 1928

Werte und liebe Frau,

Ich habe diese Tage der Bestürzung verstreichen lassen, um Ihnen meine Gedanken mitzuteilen. Selbst heute kann ich noch nicht begreifen, daß Ettore Schmitz nicht mehr unter uns weilt. Abends im Café sehe ich mich um, ich habe ständig das Gefühl, ihn mit seinem außergewöhnlich gutmütigen Gesichtsausdruck hereinkommen zu sehen. Ich kehrte aus Florenz zurück und freute mich darauf, ihn wiederzusehen,

nach so langer Zeit, nach fast zwei Monaten, in denen wir uns nicht gesehen hatten. Ich hatte es beinahe nötig, ihn sprechen zu hören: Wenige Menschen öffnen ihr Herz so, wenn sie sprechen, wie er es tat. Mir, der ich doch so viel jünger bin, schien es, daß sich mein Geist verjüngte, wenn ich ihm zuhörte. Seine Spontaneität war voller Leben, und seine Augen, erfahren und immer forschend, waren immer frisch und neu auf dieser Welt. Und welche zutiefst reiche und geniale Anschauung hatte er von der menschlichen Seele und wieviel heiteres und scherzhaftes Glück darin, die verschiedenen Seiten des Lebens wiederzugeben! Ich kannte ihn erst seit einigen Jahren, aber die Bekanntschaft mit ihm ist für mich eine bereichernde und tiefe Erfahrung gewesen und sein Verlust eine Betrübnis ohne Ende. Und ich kann mir vorstellen, was dieser Verlust für Sie bedeuten muß, liebe Frau Schmitz, und für Ihre Tochter Letizia. Sie, die Tag für Tag in der von seiner Genialität und seinem guten und großmütigen Charakter geschaffenen Atmosphäre gelebt haben.
Glauben Sie mir, daß ich Ihnen in Ihrem untröstlichen Schmerz ein wenig nahe bin, Ihr zutiefst ergebener

Giani Stuparich

Ihm schlossen sich Leo Ferrero an sowie Giovanni Comisso, Alberto Tallone, Carlo Linati und Enrico Piceni, der mich nach unveröffentlichten Schriften fragte.
Besonders betroffen zeigte sich auch Paul Henri Michel, sein französischer Übersetzer, mit dem er immer in vollem Einverständnis gearbeitet hatte:

Paris, 33 Boulevard Murat
16. September 1928

Liebe Madame Svevo,
Mit unendlichem Schmerz habe ich in der heutigen Zeitung gelesen, daß »Herr Svevo bei einem Autounfall den Tod ge-

funden hat«. Da ich keinerlei Bestätigung hierfür habe, will
ich noch hoffen, daß es sich um eine Falschmeldung handelt,
wie man sie häufig in den Zeitungen lesen kann. Wenn dies
glücklicherweise zutreffen sollte, dann wäre ich Ihnen sehr
verbunden, wenn Sie mir so schnell wie möglich eine kurze
Nachricht zukommen lassen würden – und falls nein, oh,
dann nehmen Sie bitte mein tiefstes und aufrichtigstes Beileid
entgegen. –
Mit unserer zutiefst respektvollen Hochschätzung.

Paul Henri Michel

Paris, Montag morgen, 17. September 1928

Liebe Madame Svevo,
Das Eintreffen der italienischen Zeitungen von Samstag hat
mir keine Zweifel mehr über den Wahrheitsgehalt der Nachricht gelassen, die ich gestern der französischen Zeitung
entnommen hatte. Gleichzeitig erfuhr ich auch, daß Sie verletzt sind. Heute vormittag habe ich Herrn Crémieux gesehen, dessen Trauer ich nicht beschreiben kann, ebensowenig
wie die von Frau Crémieux und die meiner Frau. Wir sind alle
betroffen vom Verlust dieses reizenden, so guten und vor-
trefflichen Freundes, der Herr Italo Svevo war! Was mich
anbelangt, wissen Sie, daß mich die Übersetzung seines Buches *Ein Mann wird älter*, von der ich ihm gerade einen
Abschnitt zugesandt hatte, jeden Tag in enger Vertrautheit
mit ihm leben ließ. Diese Arbeit werde ich sicherlich nicht
ohne große Trauer fortsetzen können, aber ich will sie dennoch zu einem guten Ende führen, um dazu beizutragen, die
Werke dieses großen Romanciers, den Europa verloren hat,
zu verbreiten.
Glauben Sie mir, Madame, meinen tiefen Schmerz und nehmen Sie meine respektvollsten Wünsche entgegen und meine
Wünsche für eine baldige Genesung.   Paul Henri Michel

Ich erhielt auch Briefe von Unbekannten, die Ettore in irgendeiner dunklen Stunde mit seiner großen Menschlichkeit
aufgerichtet hatte. In vielen Briefen brannte der Schmerz
darüber, nicht schneller auf seinen ständigen Wunsch nach
Verständnis und Zuneigung reagiert zu haben. Er hatte sehr
unter den Verzögerungen gelitten, unter den lang aufgescho-
benen Versprechen, den hinausgeschobenen Besuchen, fast
so, als ob in ihm die dunkle, aber eindeutige Vorahnung über
die wenigen Tage verankert gewesen wäre, die ihm von der
unerbittlich verstreichenden Zeit bewilligt war.

Nach und nach erholte ich mich und wurde von den Um-
ständen fast dazu gezwungen, mich um den wachsenden
Ruhm meines Mannes zu kümmern. Letizia war ganz und gar
von ihrer Familie in Anspruch genommen, und alle Männer
unserer Verwandtschaft waren mit ihren Geschäften beschäftigt. Es erschienen Sonderausgaben, die Ettores Andenken
gewidmet waren. Im Februar 1929 war der ›Convegno‹ mit
Artikeln von Giacomo Debenedetti, Carlo Linati, Giani Stuparich und Alberto Rossi erschienen. Im April wurde ein
Sonderheft von ›Solaria‹ mit über dreißig Artikeln italienischer und ausländischer Schriftsteller veröffentlicht: G. B.
Angioletti, Marcel Brion, Jacques Boulanger, Juan Chabas,
Alberto Consiglio, Benjamin Crémieux, Giacomo Debene-
detti, Ilja Ehrenburg, Giansiro Ferrata, Raffaello Franchi,
Piero Gadda, Ivan Goll, Franz Hellens, James Joyce, Valery
Larbaud, C. V. Lodovici, Aldo Palazzeschi, Giuseppe Rai-
mondi, Alberto Rossi, Umberto Saba, Ernst Schwenk, Ser-
gio Solmi, Philip Soupault, Giani Stuparich, Bonaventura
Tecchi, Arthur van Schendel, André Thérive.
Dies sind einige Schreiben, die ihn mir wieder lebendig
machten:
Giacomo Debenedetti erinnert sich an einen Besuch in der
Villa Veneziani und beschreibt Ettores Art zu sprechen, die in

ihm das Bild einer webenden Spinne im Mittelpunkt ihres feinen Werkes erweckt.

Ivan Goll bezeichnet ihn als den alten Großonkel, der bei seinem Tod seinen Neffen der Literatur ein reiches Testament hinterläßt. Sie werden nicht enttäuscht werden.

Valery Larbaud enthüllt den Triestiner Charakter und die Stadt Triest, »in der eine humorvolle und abgeklärte Muse, fein und barmherzig, eine Zeitlang gelebt hat«.

C. V. Lodovici entsinnt sich eines Treffens in der Redaktion einer Zeitung in Mailand. »Ich fand ihn vor, als er bereits mit seiner ›sokratischen‹ Stimme sprach. Eher englisch als sächsisch, besaß er die südländische Haltung und Art sich zu kleiden, die Sanftheit seiner Worte und die klare, scharfsinnige Güte seines Blickes.«

Auch Enzo Ferrieri hatte ihn in der Sonderausgabe, die der ›Convegno‹ Ettores Gedenken gewidmet hatte, so beschrieben: »Sofort, wenn er in Mailand eintraf, kam er uns besuchen, und abends versammelten wir uns alle, um diesen Gast zu feiern, dem es so viel Freude bereitete, gefeiert zu werden. So erschien er glücklich. Wenn er auf dem Ehrenplatz saß, waren die Abende immer herzlich, und die Unterhaltung, der er so gut verstand seine Note von großer geistiger und weltlicher Bildung zu geben, konnte gar nicht schlecht verlaufen.«

Ich erhielt Ausschnitte aus Zeitungen in allen Sprachen, aus allen Teilen der Welt. Jeden Morgen erwartete ich sie mit demselben fröhlichen Bangen, das auch ihm eigen gewesen war.

Eines Tages machte ich mich daran, seine Unterlagen durchzusehen. Ich betrat sein kleines Arbeitszimmer, an dessen Wänden immer noch die Bilder von Veruda wachten, in dem die Geige schwieg, und verharrte voll süßer Rührung in diesem engen Raum mit den einfachen Möbeln, in dem er so viel nachgedacht und geschrieben hatte.

Ich fand alles in großer Unordnung vor, die Briefe lagen

zwischen den unveröffentlichten Schriften, die verschiedenen Entwürfe für den letzten Roman neben den Gedanken
und den Komödien. Auch in diesen Unterlagen spiegelte sich
der zerstreute und gedankenversunkene Mensch wider, der
er immer gewesen war. Ich ordnete alle Unterlagen in verschiedenen Mappen. So dauerte auch nach seinem Tod meine
Unterstützung an, die in meiner Genauigkeit und Ordnung
bestand, die meinem Charakter so sehr entsprachen. Die große Zahl der unveröffentlichten Schriften erstaunte mich. Es
gab da viele Märchen, kurze Dialoge, in denen er seine
menschliche Philosophie zusammenzufassen pflegte, und all
seine Komödien. Die aus den jungen Jahren, begonnen unter
der ängstlichen Erwartung Elios, und die späteren. Die ersten waren noch unter dem Pseudonym E. Samigli geschrieben. Es waren leichte Komödien: *Le teorie del Conte Alberto*
(*Die Theorien des Grafen Alberto*), *Le Ire di Giuliano* (*Giulianos
Wutanfälle*), *La verità* (*Die Wahrheit*) und sogar ein Entwurf
im Dialekt, ohne Titel. Die in späteren Jahren verfaßten Komödien waren tiefsinniger und komplexer: *L'Avventura di
Maria* (*Marias Abenteuer*) und *Ein Ehemann*, die er besonders
geliebt hatte und von der er immer geträumt hatte, sie einmal
auf einer Bühne verwirklicht zu sehen.
Diese letzte, ziemlich lang, war nicht so sehr eine Komödie,
sondern eine lange Dialogerzählung, unvollständig, die vielleicht die Einleitung zum *Greis* darstellt, mit denselben
Figuren seines letzten Romans, abrupt unterbrochen. Zwischen den vielen Manuskripten für Erzählungen waren *Mariano di Venezia* (*Mariano aus Venedig*), die die seltsame Figur
eines unserer Arbeiter aus der Fabrik in Murano schildert,
und *Passeggiate in Friuli* (*Spaziergänge im Friaul*), in der er
einen uns bekannten Bauernschlag beschreibt.
Bei der Lektüre von *Umbertino* fand ich in sanftem Ton die
Welt der Kindheit wieder, die er mit forschenden Augen bei
den Kindern unserer Tochter und bei seinem Neffen Umber-

tino beobachtet hatte. In *Argo und sein Herr* erkannte ich seine
treue Freundschaft zu den Hunden wieder. Auch die Vögel
hatte er sehr geliebt. Die Spatzen, die auf der Suche nach
Nahrung um unser Haus herumschwirrten, waren sein Zeit-
vertreib gewesen. Das längste Manuskript, mit dem Titel
Kurze sentimentale Reise, bestand aus einer Sammlung von
Menschen und Eindrücken, denen er auf der Reise Mailand-
Venedig begegnet war. Er hatte es in der Zeit zwischen *Zeno
Cosini* und *Der Greis* geschrieben. Unter den unvollendeten
Werken war auch eine Erzählung: *Il malocchio* (*Der böse Blick*).
Und unter den Erzählungen aus seiner Jugend der Essay *Del
sentimento in arte* (*Vom Gefühl in der Kunst*). Diese Seiten waren
mit seiner größeren, deutlicheren, ja fast wohlüberlegteren
Schrift von damals bedeckt. Dann waren da noch die *Confe-
renza su James Joyce* (*Vortrag über James Joyce*) und die verschiedenen Entwürfe für den *Greis*, mit der ungleichmäßigen, wie
geschwächten, Schrift eines alten Mannes.
In der Familie beschlossen wir, einige Novellen und die letzten Seiten der unfertigen Erzählung in einem Band heraus-
zubringen. Nur knapp ein Jahr nach seinem Tod, im April
1929, erschien bei dem Verleger Morreale die postume Ausgabe *La Novella del buon Vecchio e della bella Fanciulla ed altri
scritti* (*Die Novelle vom guten alten Herrn und vom schönen Mädchen und andere Schriften*), mit einer Einleitung von Eugenio
Montale: »In Svevos Gesamtwerk finden wir unbedeutende-
re Werke, wenn nicht *nugae*: Und in diesem Fall sind sie eng
mit den wichtigeren Schriften verbunden und zeugen von
einer inneren Betätigung, von einem Eifer in den Entwick-
lungen, die allergrößte Überraschung hervorrufen.« Das
Buch hatte eine gute Presse. Die jungen italienischen Kritiker
nahmen es mit Verständnis und mit Begeisterung auf; Linati,
Debenedetti, Vittorini und Franchi schrieben darüber; Silvio
Benco bestätigte: »Die Seiten des *Greis*, die vollendet worden
sind (ich meine, nicht nur als Entwurf), könnten sehr gut der

Beginn eines Meisterwerkes sein. Sie gehören auf Grund der
Stärke der Beobachtung zu den schönsten, erleuchtetsten,
gedankenvollsten, die Svevo je geschrieben hat. Der Roman
wäre vielleicht, wenn er fertig geworden wäre, sein bestes
Werk geworden.«

Im Winter 1928 wurde in einem Band die erste kritische
Studie über ihn herausgegeben, die des Triestiners Federico
Sternberg, Ordinarius für deutsche Literatur an der Universität Turin: *L'opera di Italo Svevo* (*Das Werk Italo Svevos*). Der
Verfasser war durch eine lange geistige Freundschaft mit meinem Mann verbunden gewesen; Sternberg hatte das noch
unveröffentlichte Werk gelesen und gutgeheißen, es aber als
zu beifällig bezeichnet. Er hatte auch die offizielle Gedenk-
rede vor dem höchsten kulturellen Triestiner Verein, der
»Minerva«, gehalten, die der Erinnerung an einen der größten Söhne Triests, ja sogar dem einzigen, der Weltruhm
erlangt hatte, Ehre machen wollte. Im Februar 1929 veröffentlichte Sternberg noch eine neue Ausgabe: *L'arte e la
personalità di Italo Svevo* (*Die Kunst und die Persönlichkeit Italo
Svevos*).

Am 26. April 1931 wurde im Stadtpark eine Bronzebüste des
Triestiner Bildhauers Giovanni Mayer enthüllt, die wir der
Stadt geschenkt hatten. Ettore scheint mitten im Grünen zu
lächeln, nicht weit entfernt vom Bronzestandbild seines Ju-
gendfreundes Umberto Veruda, genau in jenem Garten, in
den die Figuren seiner Romane die Last ihrer Leidenschaft
trugen und in dem die beiden Freunde sich ihre Künstler-
träume anvertraut hatten, die ihre suchenden Seelen quälten.
Und kürzlich, 1954, stiftete der Kultur- und Kunstverein der
Universität in einer feierlichen Zeremonie eine weitere Bronzebüste, eine Arbeit des Bildhauers Ruggero Rovan.

In der Zwischenzeit erschien im Rhein-Verlag die deutsche
Übersetzung des *Zeno* von Piero Rismondo. Ettore hatte auf
Anraten von Joyce mit dem Verlag verhandelt, der die Über-

setzung seines *Ulysses* herausgebracht hatte. Er hatte den jungen Übersetzer, mit dem er in lebhaftem Briefwechsel stand, auch persönlich kennengelernt. In einem seiner letzten Briefe hatte er ihn gebeten, sich mit der Veröffentlichung des deutschen *Zeno* zu beeilen,

»damit ich ihn noch vor meinem Tod sehe«.

Nach Frankreich und Deutschland verbreitete sich sein Ruhm auch in England. Endlich nahm das große englische Publikum Notiz von ihm. Jenes Publikum, das er sicher auf seinen Reisen nach London beobachtet hatte, ohne zu ahnen, daß es ihm eines Tages so hohe Ehrungen erweisen würde. Eine junge englische Literatin, Beryl de Zoete, schrieb mir und bot sich als Übersetzerin an. Ich unternahm eine Reise nach London, und wir trafen uns. Sie hatte bereits *Ein gelungener Scherz* übersetzt. Für die Veröffentlichung verhandelte ich mit der Hogarth Press, deren Direktor der Ehemann der großen englischen Schriftstellerin Virginia Woolf war. *Feuriger Wein* wurde auf Englisch in der amerikanischen Zeitschrift ›transition‹ in Paris herausgebracht. Frau de Zoete fand auch den Verleger für den *Zeno*. 1930 erschien die englische und die amerikanische Ausgabe dieses so erfolgreichen Romans. Der Erfolg, vor allem in Amerika, war triumphal. Kurz darauf folgte die englische Version von *Die Novelle vom guten alten Herrn und vom schönen Mädchen*. Im Mai 1929 hatte ich mich in Paris mit Marcel Thiébaut getroffen, dem Direktor des Calmann-Lévy-Verlages, der mir durch Michel die Veröffentlichung von *Ein Mann wird älter* in französischer Sprache vorgeschlagen hatte. Wir einigten uns, und der gute Michel machte sich mit Feuereifer an die Arbeit. Das Buch erschien 1930, und 1932 kam dann auch die englische Ausgabe für England und Amerika heraus.

Auch das Interesse der deutschsprachigen Literaturwelt an Svevos Werken wuchs ständig: Dr. Karl Hellwig schrieb mir wegen der deutschen Übersetzung des *Greises*, die 1930 in der

›Neuen Schweizer Rundschau‹ erschien, gefolgt von der Novelle *Die Mutter* im ›Neuen Wiener Journal‹. Und 1932
wurde in Berlin eine einbändige Übersetzung einiger Erzählungen mit einem Vorwort des Übersetzers Dr. Karl Hellwig
veröffentlicht.

Während einer Spanienreise traf ich mich mit Juan Chabas,
der 1927 und 1928 in spanischen Zeitschriften *Feuriger Wein*
und Teile des *Zeno* übersetzt und veröffentlicht hatte. Er
sprach den Wunsch aus, alle Werke meines Mannes zu übersetzen, und ich stimmte zu. Ich schloß auch einen Vertrag mit
dem Verlag Juventud in Barcelona ab, aber die stürmischen
politischen Ereignisse des Landes überrannten den Verlag
und mit ihm den Übersetzer, dem es damals nicht gelang, die
begonnene Arbeit zu Ende zu führen. Der Verlag Ediciones
Aymo aus Barcelona, bei dem ich im August 1942 einen
Vertrag für die Veröffentlichung der spanischen Fassung aller
Romane unterschrieben hatte, unterrichtete mich 1945, daß
die Regierung Franco die Herausgabe von *Zeno Cosini* verboten hatte.

Diese Jahre waren Jahre der Arbeit und des größten Eifers.
Ettores Ruhm breitete sich von England nach Amerika aus,
von Spanien bis in den Balkan. Antonio Nizeteo aus Dalma-
tien hatte *Ein Mann wird älter* ins Kroatische übersetzt und
veröffentlichte es in Zagreb. Es erschien sogar eine polnische
Fassung von *Zeno Cosini*. Ich unterzeichnete außerdem Verträge mit den Niederlanden und mit Dänemark.

Voller Ungeduld erwartete ich die Ausschnitte der Zeitungen
und Zeitschriften, die mich aus allen Ländern und in allen
Sprachen erreichten. Jeden Morgen hatte Ettore so auf die
Post gewartet, die ihm die Bestätigung dafür brachte, daß
man ihn auf der ganzen Welt kannte. Ich ordnete die Ausschnitte und katalogisierte sie peinlich genau, so als müsse ich
ihm eines Tages Rechenschaft darüber ablegen. Ich ließ sogar
einen Auszug der bedeutendsten Sätze aus den Kritiken

drucken. So wurde mein Schmerz etwas gemildert, und meine tiefe Einsamkeit füllte sich.

Ich fühlte mich, als müsse ich über seinen Ruhm wachen und
hätte eine Aufgabe zu erfüllen. Ich träumte von der Veröffentlichung der *Opera omnia.*

Aber außer den Lobreden in den Zeitungen erfreuten mich
die Kontakte zu den jungen Schriftstellern der neuen Lite-
ratengeneration, die aus vielen Ländern nach Triest kamen,
um Svevos Haus zu besuchen. Als wäre dies ein großer Gefallen, baten sie mich darum, seine Schriften sehen zu dürfen,
und voller Ehrfurcht schlossen sie sich in seinem Arbeitszimmer ein, um die Manuskripte und die unveröffentlichten
Schriften zu studieren, um die Kritiken zu lesen. Einige
Monate später erhielt ich zum Dank ihre Doktorarbeiten.

Die erste war die einer jungen Istrianerin, Maria Punter aus
Pirano, Studentin an der Universität von Padua; dann folgten
die von Maria Rosa Pescio aus Genua und aus dem fernen
Kalifornien von Eduard Sellards, der an der Sorbonne in
Paris studierte; von der Universität Bukarest die von Maria
Borsatti, von Nini Badaracco aus Mailand und von Alfonso
della Rocca aus Neapel. Die letzte Doktorarbeit, die mich
erreichte, war die von Luigia Zenni aus Rom.

Zahlreich waren auch die Anfragen der Zeitschriften nach
unveröffentlichten Schriften. Nachdem ich Sammlungen
von Notizen und Märchen freigegeben hatte, dachte ich an
die Komödien, die Ettore sehr teuer gewesen waren und die
ein dem Publikum fast völlig unbekanntes Kapitel seiner
literarischen Arbeit darstellten.

Es war der ›Convegno‹ aus Mailand, der 1931 als erster *Ein
Ehemann,* geschrieben 1903, herausbrachte. Und später, 1937,
Marias Abenteuer, während ›La Panarie‹ aus Udine 1932 den
tragischen Einakter *Der Diener* druckte. Ohne mein Wissen
erschien 1932 in Triest in einem Band eine unbekannte Komödie Ettores, die nicht einmal in Form eines Entwurfs in

seinen Unterlagen zu finden war: *Der Dieb im Haus*. Sie erschien durch den Triestiner Mundartdichter Piazzetta, dem
sie mein Mann geschenkt haben muß. Unveröffentlicht bleiben noch *Le teorie del Conte Alberto* (*Die Theorien des Grafen
Alberto*), *Le ire di Giuliano* (*Giulianos Wutanfälle*) aus seiner
Jugendzeit, *La parola* (*Das Wort*) und *La verità* (*Die Wahrheit*),
sowie eine Komödie im Dialekt und jene Komödien, die er
nicht beendet hatte.

Wenn ein ehrfürchtiger Wallfahrer an seinem Grab verweilen
wollte, begleitete ich ihn zum Friedhof von Sant'Anna, der
sich weit erstreckt, weiß und mit vielen Blumen, nicht weit
vom Meer. Ich öffnete das Tor der Kapelle, die einem Tempel
ähnlich gebaut ist, und in der alle Toten meiner Familie ver-
eint sind. Auf der Wand zur Linken des Altars, auf der die
florentinischen Mosaike die *dolce madonna* von Sassoferrato
darstellen, befindet sich eine Inschrift: »Ettore Schmitz (Italo
Svevo) 19. Dezember 1861 – 13. September 1928«; darunter
ein kleines Basrelief des Bildhauers Mayer, das Ettore nachdenklich und ein wenig finster zeigt.

Hier ruht er sich in den Armen des Mysteriums aus, über das
er so viel nachgedacht hatte. Er wird, hoffe ich, jenen Frieden
gefunden haben, den er tief in seinem Innersten nie besessen
hat; er wird die Angst vor dem Unbekannten überwunden
haben, die ihn niederschreiben ließ:

> »Es wird der Tag kommen, an dem der Mensch den Tod
> nicht mehr fürchten wird.«

Hier ist seine letzte Zuflucht, sein letzter Aufenthaltsort, da
doch die Villa Veneziani, so heiter und ruhig mit ihren grünen Fensterläden, der Laube aus Glyzinien, dem großen
Musikraum, der Glasveranda am 20. Februar 1945 unter der
Wucht der Brand- und Sprengbomben eingestürzt ist. Nur
ein Teil der Fassade ist stehengeblieben, wie eine leere, rußige
Szenerie, Erinnerung an eine Wohnstätte, die so viel Tatkraft
und Leben in sich barg.

Für immer verschwunden ist sein kleines Arbeitszimmer, in
dem sein Schreibtisch stand und der Notenständer für die
Geige, verschwunden die Gedenkstätte, wo ich alle seine
unveröffentlichten Schriften aufbewahrte, all die schönen
Ausgaben der in alle Sprachen übersetzten Werke, bewacht
von den großen Gemälden Verudas, auf denen die Figuren je
nach Lichteinfall mehr oder weniger lebendig erschienen.
Das heitere Haus, das vom Lachen unserer Enkel belebt wurde, steht nicht mehr. Auch sie haben ihren Beitrag zu einem
grausamen, schmerzlichen Schicksal geleistet: Piero und Paolo, seit Januar 1943 als Gefangene in Rußland, starben im
März desselben Jahres an den Entbehrungen, und Sergio, der
jüngste, der ihm mit seiner hohen Stirn, dem sanften Lächeln,
dem Hang zur Nachdenklichkeit und zur Kunst am meisten
ähnelte, Kämpfer für die Freiheit, wurde von deutschen Ku-
geln niedergestreckt, gefallen in einer Straße von Triest am
Morgen des Aufstands, dem 1. Mai 1945, während sein Vater
– Oberst Fonda Savio – auf seinem Kommandoposten den
Aufstand der Stadt anführte.
Italo Svevos Werke sind unversehrt geblieben. Seine unveröffentlichten Schriften sind übriggeblieben, die ich, getroffen vom Sturm der Rassenverfolgungen, in Sicherheit
brachte, als ich im August 1943 in unsere Zufluchtsstätte in
Arcade, in der Provinz Treviso, flüchtete. Mit mir kamen
Letizia und Sergio, und in einem großen Koffer führten wir,
sorgfältig bewacht, die Manuskripte, die Briefe, die unveröffentlichten Schriften, die Bücher und die Übersetzungen
mit uns. So wurde jener Teil seines Werkes gerettet, der noch
nicht publiziert worden ist.
Nach Kriegsende konnte ich die ersten Kontakte mit dem
freien Italien knüpfen, und im Mai erreichte mich die erste
Ausgabe der Zeitschrift ›Il Mondo‹, geleitet von Bonsanti, in
der die erste Folge von *Kurze sentimentale Reise* mit einer
Einleitung von Umberto Apollonio abgedruckt war, den ich

bereits 1943 damit beauftragt hatte, sich um die unveröffentlichten Schriften zu kümmern. So ehrte das befreite Italien als
einen der ersten Svevo, den Schriftsteller, über den in den
letzten Jahren ein Mantel des Schweigens gebreitet worden
war, ein Schweigen, das jedoch hin und wieder von der Un-
duldsamkeit der jungen Schriftsteller und Kritiker gebro-
chen worden war. Neue, gerade erst entstandene Zeitschriften baten mich eindringlich um unveröffentlichtes Material
meines Mannes. Der ›Mondo Europeo‹ veröffentlichte *Orazio Cima*, die Zeitschrift ›Costume‹ *Mariano da Venezia (Mariano aus Venedig)*, die ›Briarcliff Quarterly‹ *Feuriger Wein.*
Auch aus Amerika erhielt ich Anfragen. Professor Renato
Poggioli von der Harvard-Universität bat mich um den Briefwechsel und interessierte sich besonders für die Korrespon-
denz mit Joyce.
Im Jahre 1947 erschien die vierte Auflage von *Zeno Cosini* mit
einer wichtigen Studie von Silvio Benco und 1949 die vierte
Auflage von *Ein Mann wird älter.*
Bereits 1942 hatte ich mit Hilfe von Lina Galli begonnen,
diese Erinnerungen zu sammeln, in der Absicht, durch mein
Zeugnis einen Beitrag zur Kenntnis des Schriftstellers zu
leisten, weil ich überzeugt bin, daß man durch diese Kenntnis
seines Lebens den Künstler besser verstehen kann.
Heute reisen die Kinder seines Geistes immer noch durch die
Welt, immer prachtvoller und bedeutender, aber die drei
prächtigen Sprößlinge seines Blutes liegen im Schweigen des
Todes, getötet in diesem furchtbaren Krieg; im unbekannten
Rußland Piero und Paolo, auf dem weißen Friedhof seiner
Geburtsstadt, weit entfernt vom Grab seines Großvaters,
Sergio, der jüngste.
Ich und Letizia leben von den Erinnerungen bis zu jenem
Tag, an dem uns Ettore, umgeben von seinen Enkeln, auf der
Schwelle zur Ewigkeit empfangen wird.

ANHANG

ANMERKUNGEN

20,10 *Irredenta:* Nach dem 1878 gegründeten Verein »Italia irredenta« (»unerlöstes Italien«) allgemeine Bestrebung vom Vaterland getrennter Volksgruppen, sich diesem einzugliedern. Venedig, und damit Triest, gehörten bis zum Ersten Weltkrieg zur k. u. k. Habsburger-Monarchie.

23,4 *Allegra:* Die Lustige, Heitere, Vergnügte.

29,8 *Boschetto:* Stadtviertel in Triest, beliebtes Ziel für Sonntagsausflüge.

30,25 *Francesco de Sanctis:* Literaturhistoriker und -kritiker; Verfasser einer italienischen Literaturgeschichte, Förderer Émile Zolas in Italien.

30,28 *Giosuè Carducci:* Dichter, Literaturhistoriker und -kritiker.

32,2 *Guglielmo Oberdan:* Triestiner Student, der 1882 wegen eines Mordkomplotts gegen den österreichischen Kaiser Franz Josef hingerichtet wurde.

34,8 *Geschichte meiner Werke:* Die Briefe und Schriften Svevos werden nach der Ausgabe *Gesammelte Werke in Einzelausgaben* (7 Bände, herausgegeben von Claudio Magris, Gabriella Contini und Silvana de Lugnani. Reinbek bei Hamburg: Rowohlt, 1983-1988) zitiert. Die Werke Svevos erscheinen unter ihrem deutschen Titel. Textstellen, die in der deutschen Ausgabe nicht enthalten sind oder vom italienischen Original abweichen, wurden von Eva Weckherlin übersetzt.

34,23 *Hoji-lai-ki:* Eigentlich *Hui-Lan Chi (Der Kreidekreis).* Drama in vier Akten von Li Xing-Dao (2. Hälfte des 13. Jahrhunderts).

38,7 *diesen Roman: Una vita (Ein Leben),* 1893.

39,11 *Italo Svevo:* Der italienische Schwabe.

44,30 *Werter Freund:* Deutsch im Original.

44,30 *Emerico Schiffrer:* (1875-1956): Triestiner Kunstkritiker.

45,10 *Balli:* Der Bildhauer in *Senilità,* der Svevos Malerfreund Umberto Veruda zum Vorbild hatte.

45,16 *diese schöne Geschichte:* Svevos Verhältnis mit Giuseppina Zergol, das Vorbild zur Angiolina in *Senilità (Ein Mann wird älter),* 1898.

45,20 *Politeama Rossetti:* Das Triestiner Opernhaus.

46,5 *genialer und schlampiger Arzt:* Ein Doktor Marcus deutsch-österreichischer Abstammung.

46,6 *seltsamer Angestellter:* Der Triestiner Maler Fittke, ein Angestellter bei der Post.

47,21 *Deine gute Idee:* Livia hatte Svevo zur Verlobung ein elegantes Kalenderbuch geschenkt, damit er darin während ihrer Verlobungszeit Tagebuch führe. So entstand das *Diario per la Fidanzata (Tagebuch für die Verlobte)*, 1896.

50,8 *Farbe|Wärme:* Im italienischen Wortspiel mit *colore|calore*.

51,24 *›Il Piccolo‹:* Neben ›L'Indipendente‹ eine der wichtigsten Zeitungen der irredentistischen Bewegung. Svevo wertete nachts in der Redaktion die Auslandspresse aus.

52,21 *humoristischer Entwurf:* Der zweiseitige Entwurf mit dem Titel »Livia« ist enthalten in *Corto viaggio sentimentale e altri racconti inediti*.

53,10 *Du Knospe:* Deutsch im Original.

54,14 *Villa von Sant' Andrea:* Die Villa Veneziani stand am Passeggio di Sant'Andrea.

60,32 *Travetti:* Prototyp des kleinen Beamten, Gestalt aus der piemontesischen Dialektkomödie von Vittorio Bersezio, *Le miserie d' Monsè Travet*, 1863.

61,30 *Familienchronik:* Briefentwurf, den Svevo später in *La coscienza die Zeno Cosini* zur Charakterisierung von Zenos Ehefrau Augusta verwendete.

63,31 *lettre de cachet:* Geheimbefehle der französischen Könige (bis 1789), um Verbannung oder Ermordung anzuordnen.

66,28 *Die Frau:* August Bebel, *Die Frau und der Sozialismus*, 1883.

68,15 *ein heiliges Datum:* Am 20. September 1870 stürmte die italienische Armee die Porta Pia und besetzte Rom.

69,20 *N'zo pupu cior bmbm te Titina:* etwa: Die ist spazieren, um Bonbons zu kaufen für Titina.

70,16 *flagellum Dei:* Geißel Gottes.

70,30 *Tyras:* Die dänische Dogge von Gioachino Veneziani.

70,31 *Pronto:* Ein kleiner schwarzer Hund der Familie Veneziani.

74,23 *Salso, den 19. Juni 1900:* Der Brief ist im Original französisch, der Sprache von Livias Schulzeit in Marseille; fast alle Briefe an Svevo sind französisch geschrieben.

83,6 *Journalistenfreund:* Giulio Cesare, ein patriotischer Journalist, lebenslanger Freund Svevos.

87,8 *Konstantinopel:* Kurz vor einer Hochzeit hatte Svevo Konstantinopel besucht, mit seinem Freund Giuseppe Vivante, der später Svevos Schwester Natalia heiratete, und dessen Bruder Fortunato als Direktor der Triestiner Zweigstelle der Wiener Union Bank Svevo eine Anstellung dort verschaffte.

88,11 *»Questo fia suggel . . .«* *und auch jede Frau:* Leicht entstelltes Zitat aus Dante *Göttliche Komödie,* Inferno XIX, 21: »... questo sia [bei Svevo: fia] suggel ch'ogn'uom sganni.« – Dieser Vers ist von den deutschen Übersetzern ganz unterschiedlich übertragen worden:
Streckfuß: »So sei's besiegelt, so will ich's vertreten.«
Witte: »Und dies sei Zeugnis, jeden zu enttäuschen.«
Vossler: »Das sei hier festgestellt und aufgeklärt.«
Gmelin: »Dies sei für jeden ein untrüglich Zeichen.«
Vezin: »So war's! Nun mögt Ihr's weiter mir verdrehn.«
Um das italienische Wortspiel mit *uomo – donna* (Mann – Frau) zu erhalten, müßte eine deutsche Fassung etwa lauten: »Dies sei das Siegel, das enttäusche jedermann.«

90,2 *Herr Del Conte:* Svevos Kollege, der sich als Kunsthändler auf Triestiner Maler spezialisiert hatte.

102,14 *Der alte Dichter:* W. B. Yeats war 1902 bei seiner ersten Begegnung mit Joyce 37 Jahre alt, Joyce war 20.

102,20 *›Il Convegno‹:* Mailänder avantgardistisches Literaturmagazin, das auch eigene Lesungen und Vorträge veranstaltete.

102,22 *Joyces Aussehen . . .:* Aus dem *James Joyce*-Vortrag von Svevo, den Stanislaus Joyce als Weihnachtsgabe 1950 für den Verlag New Direction ins Englische übersetzte. Ein sachlicher Fehler ist Svevo bei der Beschreibung von Joyce unterlaufen: Da die Brille die Augen größer erscheinen läßt, muß Joyce stark *weit*sichtig gewesen sein.

106,3 *»Lega Nazionale«* und *»Società Ginnastica«:* Patriotische Vereinigungen mit liberal-nationaler Tendenz.

108,33 *Geschichte der englischen Literatur von Green:* Wahrscheinlich das seinerzeit vielgelesene Buch von J. R. Green, *A Short History of the English People.*

110,17 *Luigi Rizzo:* Verantwortlicher Marineoffizier, der mit zwei Torpedobooten die Hafenbefestigungen durchbrochen hatte und die feindlichen Schlachtschiffe vernichten wollte.

110,34 *Walther Schücking und Alfred Fried:* Pazifistische Schriftsteller, die zahllose Bücher über internationale Diplomatie und Friedenssicherung veröffentlicht hatten.

114,24 *Servola:* Stadtviertel von Triest.

116,7 *Eintreffen unserer Truppen:* Im Februar 1919 wurde Triest ein Teil Italiens.

116,23 *Licinio Cappelli:* Bologneser Verleger, eröffnete nach dem Krieg eine Buchhandlung in Triest und verlegte zahlreiche Triestiner Autoren.

118,3 *Lieber Signor Schmitz:* Der Briefwechsel Joyce-Svevo ist im Original italienisch. Die Briefe von James Joyce werden nach der Ausgabe *James Joyce. Werke.*

Frankfurter Ausgabe (7 Bände, herausgegeben von Klaus Reichert, unter Mitarbeit von Fritz Senn. Frankfurt am Main: Suhrkamp, 1969-1981) zitiert. Textstellen, die in der deutschen Ausgabe nicht enthalten sind oder vom italienischen Original abweichen, wurden von Eva Weckherlin übersetzt.

119,23 *Bleistift:* Deutsch im Original.

119,29 *mein Bruder:* Stanislaus Joyce.

119,33 *fliche:* Kronen.

120,1 *Aufgabe:* Deutsch im Original.

125,3 *Rabevel:* Lucien Fabre, *Rabevel ou le Mal des Ardents*, 1923.

125,9 *Giuseppe Borgese:* Literaturkritiker des ›Corriere della Sera‹.

127,6 *la balena:* »der Walfisch«.

127,7 *inveleano:* Venezianischer Dialekt für »vergiftet«, »wütend«.

130,14 *die einzige Bewohnerin . . .:* In einem vorangegangenen Brief an M. A. Crémieux beschwert sich Svevo, daß er von ihrem Mann und Larbaud keine Antwort erhalte.

130,43 *Giuseppe Prezzolini:* Schriftsteller und Kritiker, Mitbegründer der Florentiner Literaturzeitschrift ›La Voce‹.

131,15 *›Navire d'Argent‹:* (wörtlich: »Silber-« bzw. »Geldschiff«) Pariser Zeitschrift, deren Nummer vom 1. Februar 1926 fast ausschließlich Svevo gewidmet war.

132,7 *der kleine Crémieux:* Der kleine Sohn Francis.

135,2 *Giani Stuparich:* (1891-1961): Triestiner Schriftsteller. Vgl. Anmerkung zu S. 157,17.

135,4 *Roberto (Bobby) Bazlen:* Enger Freund der Svevos; führte Montale in Svevos Werk ein; durch ihn lernte Svevo – und Italien – Kafkas Werk kennen.

136,1 *Ich glaube:* Undatierter Brief, aber wahrscheinlich von Mai/Juni 1926.

141,17 *Jean Martin Charcot* (1825-1923): Französischer Neurologe und Psychiater; übte entscheidenden Einfluß auf Freud aus.

142,13 *Edoardo Weiss* (1889-1970): Schüler und Freund Freuds; gilt als Begründer der Psychoanalyse in Italien. Durch ihn lernte Svevo die Schriften Freuds kennen.

142,32 *Doktor Ry:* Journalist des ›Corriere della Sera‹.

147,34 *Ihr Werk: Panorama de la littérature italienne contemporaine*, 1928.

148,24 *Carducci, Pascoli und Panzini:* Bedeutende italienische Schriftsteller des späten 19. und frühen 20. Jahrhunderts.

151,19 *Ein gelungener Scherz: Una burla riuscita* (1929). Erzählung, in der dem Schriftsteller Mario Samigli vorgegaukelt wird, der große österreichische Verlag Westermann wolle die Rechte an einer Erzählung erwerben, die er vor vierzig Jahren geschrieben hat.

152,11 *Giuseppe Rigutini und Raffaello Fornaciari:* Bedeutende Literaturwissenschaftler, verfaßten konservative Schriften über die klassische italienische Literatur.

153,28 *Massimo Bontempelli:* Italienischer Dichter, Dramatiker, Kritiker und Lehrer.

154,26 *Bino Binazzi:* Literaturkritiker einer einflußreichen Bologneser Zeitung.

156,16 *meine Erzählung: Una burla riuscita (Ein gelungener Scherz)*, 1929. Vgl. Anmerkung zu S. 151,19

156,20 *coupures:* Streichungen. Die französische Übersetzung erschien stark gekürzt.

156,31 *Triestiner Journalistin:* Dora Salvi, Triestiner Schriftstellerin, die im ›Corriere della Sera‹ vom 19. 3. 1925 in einem Artikel über B. Crémieux geschrieben hatte, er übersetze die Werke Svevos ins Französische.

157,12 *Bruno Barilli* (1880-1952): Schriftsteller und Musiker.

157,17 *Scipio Slataper* (1880-1915): Patriotischer Triestiner Schriftsteller.

157,17 *Colloqui con mio fratello: Gespräche mit meinem Bruder*, erschien 1925. Vgl. Anmerkung zu S. 135,2.

157,19 *Enrico Pea* (1881-1958): Lucchese Schriftsteller; *moscardino* = »Haselmaus«.

157,22 *Federigo Tozzi* (1883-1920): Sieneser Romancier, Dichter und Dramatiker.

157,24 *Vocianer:* Mitarbeiter der einflußreichen Florentiner Literaturzeitschrift ›La Voce‹.

157,32 *Enzo Ferrieri:* Herausgeber von ›Il Convegno‹.

157,34 *Filippo Sacchi* (1887-1971): Journalist und Schriftsteller.

158,2 *Giulio Caprin:* Literaturkritiker beim ›Corriere della Sera‹, der Svevo ablehnend gegenüberstand.

158,4 *›Secolo‹:* Mailänder Tageszeitung, die am 9. 3. 1927 eine kurze Besprechung des Vortrags brachte.

158,5 *das Manuskript:* des Vortrags.

158,15 *Erzählung von jenem Hähnchen: La madre (Die Mutter)*, 1929.

158,29 *Ettore Cantoni* (1881-1927): Triestiner Schriftsteller.

160,10 *Alberto Rossi:* Literaturkritiker, der am 5. Juli 1928 einen Artikel über »Svevo und Charlot [d. i. Charlie Chaplin]« in der Turiner ›Gazzetta del Popolo‹ geschrieben hatte.

160,28 *Giuseppe Morreale:* Mailänder Verleger der zweiten Ausgabe von *Senilità (Ein Mann wird älter),* 1898.

161,21 *l'immobile − il mobile:* Wortspiel mit »Haus« und »Mobiliar«, kann im Deutschen nicht wiedergegeben werden.

161,29 ›*Corriere della Sera*‹: Svevo macht sich ein Vergnügen daraus, ausgerechnet die Zeitung zu erwähnen, in der zwei negative Rezensionen von *La coscienza di Zeno (Zeno Cosini)* erschienen waren.

162,10 *Quindicinale:* Mailänder Literaturzeitschrift.

162,17 *L'Esame:* Mailänder Literaturzeitschrift, ebenfalls von Enrico Somarè herausgegeben; *esame* = »Examen«, »Untersuchung«, »Verhör«.

162,18 *boutade:* Idee, Laune.

167,25 *Marta Abba:* Italienische Schauspielerin, die eng mit Pirandello zusammenarbeitete.

169,27 *Den Schlag:* Italienisch *il colpo.*

175,3 *ein Roman: Una vita (Ein Leben),* 1893.

175,3 *Dr. Domenico Oliva:* Turiner Kritiker und Journalist, der Svevos ersten Roman im ›Corriere della Sera‹ rezensierte.

179,23 *Ciccio:* Kosename »Dickerchen«.

192,4 *Artikel von Mr. Nino Frank:* »Un Grand Écrivain méconnu« erschien in ›Nouvelles Littéraires‹ am 17. 3. 1926. In ›transition‹ wurde der Artikel nicht nachgedruckt.

192,14 *seinem deutschen Verleger:* Der Rhein-Verlag, der seinen Sitz von Basel nach Zürich verlegt hatte.

200,26 *nugae:* Dummheiten, Possen.

202,20 *Verleger für den* Zeno: Putnam & Co. Ltd, London und New York.

CHRONIK

1861   Geburt von Hector Aron (im Familienkreis »Ettore« genannt) Schmitz am 19. Dezember in Triest als fünftes von acht Geschwistern.

1873-77   Internat in Segnitz bei Würzburg. Intensive Lektüre deutscher Autoren: Jean Paul, Schiller, Heine, Goethe. Wahrscheinlich erste Lektüre Schopenhauers.

1878   Rückkehr nach Triest; Besuch der Höheren Handelsschule »Pasquale Revoltella«.

1880   Erste literarische Versuche Svevos: Die Komödien *Ariosto Governatore, Il primo amore, I due amici* entstehen. Der finanzielle Zusammenbruch des Vaters zwingt Svevo, seine Studien aufzugeben. Er wird Auslandskorrespondent für Deutsch und Französisch bei der Triestiner Filiale der Wiener Union Bank. Außerdem schreibt er für ›L'Indipendente‹ Essays, Theater-, Literatur- und Musikkritiken unter dem Pseudonym »E. Samigli«; zusätzlich arbeitet er nachts in der Redaktion des ›Il Piccolo‹, wo er die Auslandspresse auswertet.

1892   Tod des Vaters. Wiederbegegnung mit Livia Veneziani nach mehreren Jahren. Der erste Roman, *Una vita,* erscheint im Selbstverlag unter dem Pseudonym »Italo Svevo« und findet nur wenig Beachtung.

1895   Tod der Mutter. Im Dezember Verlobung mit Livia Veneziani. Beginn des Tagebuchs *Diario per la fidanzata.*

1896   Beginn der Arbeit an *Senilità.* Am 30. Juli Heirat mit Livia Veneziani. Eintritt in die Lackfabrik des Schwiegervaters.

1897   Am 20. September Geburt der Tochter Letizia.

1898   Veröffentlichung von *Senilità.*

1905   Bekanntschaft mit James Joyce, der als Englischlehrer an der Berlitz School in Triest unterrichtet.

1923   Veröffentlichung von *La coscienza di Zeno,* wieder ohne Erfolg.

1926   Entstehung des »Falls Svevo«, nachdem eine Nummer der Pariser Literaturzeitschrift ›Le Navire d'Argent‹ ausschließlich Italo Svevo zum Thema hat.

1928   Beginn der Niederschrift des vierten Romans. Am 13. September stirbt Svevo an den Folgen eines Autounfalls.

BIBLIOGRAPHIE

Italienische Erstausgaben und Gesamtausgabe

Una vita. Triest: Vram, 1893 [richtig: 1892].

Senilità. Triest: Vram, 1898.

La coscienza di Zeno. Bologna: Cappelli, 1923.

La novella del buon vecchio e della bella fanciulla ed altri scritti. Mit einer Einführung von Eugenio Montale. Mailand: Morreale, 1929. (Enthält außer der *Novella* die Erzählungen *Vino generoso, Una burla riuscita, Il vecchione, La madre.*)

Corto viaggio sentimentale e altri racconti inediti. Herausgegeben und mit einem Vorwort von Umbro Apollonio. Mailand: Mondadori, 1949. (Enthält außer der Titelerzählung: *L'assassinio di Via Belpoggio, Proditoriamente, La morte, Orazio Cima, Il malocchio, La buonissima madre, L'avvenire dei ricordi, Incontro di vecchi amici, Argo e il suo padrone, Marianno, Cimutti, In Serenella, Giacomo, Le confessioni del vegliardo, Umbertino, Il mio ozio, Un contratto.*)

Corrispondenza con Valery Larbaud, Benjamin Crémieux e Marie Anne Comnène. Mit einem Vorwort von Eugenio Montale. Mailand: All'insegna del pesce d'oro, 1953.

Saggi e pagine sparse. Herausgegeben und mit einem Vorwort von Umbro Apollonio. Mailand: Mondadori, 1954. (Enthält *Articoli; Saggi diversi; Scritti su Joyce; Favole; Pagine di diario e sparse* sowie die Erzählung *Lo specifico del dottor Menghi.*)

Commedie. Herausgegeben und mit einem Vorwort von Umbro Apollonio. Mailand: Mondadori, 1960. (Enthält: *Le ire di Giuliano, Le teorie del conte Alberto, Il ladro in casa, Una commedia inedita, Prima del ballo, La verità, Terzetto spezzato, Atto unico, Un marito, L'avventura di Maria, Inferiorità, Con la penna d'oro, La rigenerazione.*)

Diario per la fidanzata (1896). Herausgegeben von Bruno Maier und Anita Pittoni, mit einer Einführung von Bruno Maier. Triest: Edizioni dello Zibaldone, 1962.

Lettere alla moglie. Herausgegeben von Anita Pittoni, mit einer Einführung von Bruno Maier. Triest: Edizioni dello Zibaldone, 1963.

Italo Svevo – Eugenio Montale, *Lettere, con gli scritti di Montale su Svevo.* Bari: De Donato, 1966.

Saba – Svevo – Comisso, *Lettere inedite.* Herausgegeben von Mario Sutor. Padua: Gruppo di Lettere Moderne dell'Università di Padova, 1968.

Opera omnia. Herausgegeben von Bruno Maier. 4 Bände. Mailand: dall'Oglio, 1966-1969.
I: *Epistolario.* Mit einer Danksagung von Letizia Svevo-Fonda Savio und einer Einführung und Anmerkungen von Bruno Maier. 1966.
II: *Romanzi (Una vita – Senilità – La coscienza di Zeno).* Mit einer Einführung und einer Bibliographie von Bruno Maier. 1969.
III: *Racconti – Saggi – Pagine sparse.* 1968.
IV: *Commedie.* Mit einer Einführung und Anmerkungen von Umbro Apollonio. 1969.

Deutsche Übersetzungen und Gesammelte Werke

Zeno Cosini. Deutsch von Piero Rismondo. Basel: Rhein-Verlag, 1929.

Vorrede zu dem Roman »Der Greis«. Deutsch von Josy Priems und Karl Hellwig. *Fragment aus dem Roman »Der Greis«.* Deutsch von Karl Hellwig. In: ›Neue Schweizer Rundschau – Nouvelle Revue Suisse‹, Zürich, XXIII, 1930, Nr. 1, S. 36-48 und S. 49-52.

Ein gelungener Scherz und andere Novellen. Deutsch von Karl Hellwig. Potsdam: Müller & Kiepenheuer, 1932.

Zeno Cosini. Roman. Deutsch von Piero Rismondo. Reinbek bei Hamburg: Rowohlt, 1959.

Ein Mann wird älter. Roman. Deutsch von Piero Rismondo. Reinbek bei Hamburg: Rowohlt, 1960.

Ein Leben. Roman. Deutsch von Piero Rismondo. Reinbek bei Hamburg: Rowohlt, 1962.

Italo Svevo – Tullio Kezich, *Eine Krankheit, genannt Leben, nach dem Roman »Zeno Cosini«.* Deutsch von Hansi Kessler. Frankfurt am Main: Verlag Ricordi, 1966.

Vom guten alten Herrn und vom schönen Mädchen. Deutsch von Piero Rismondo. Frankfurt am Main: Suhrkamp Verlag, 1967.

Kurze sentimentale Reise – Erzählungen und Fragmente aus dem Nachlaß. Herausgegeben von Piero Rismondo. Reinbek bei Hamburg: Rowohlt, 1967.

Schauspiele. Deutsch von Charlotte Jenny und Karl-Heinz Roland. Mit einem Nachwort von François Bondy. Köln: Kiepenheuer & Witsch, 1984.

Gesammelte Werke in Einzelausgaben. Herausgegeben von Claudio Magris, Gabriella Contini, Silvana de Lugnani. 5 Bände. Reinbek bei Hamburg: Rowohlt, 1983-1988.
I: *Die Erzählungen I.* Deutsch von Ragni Maria Gschwend, Karl Hellwig, Anna Leube, Piero Rismondo. 1983.

II: *Die Erzählungen II*. Deutsch von Ragni Maria Gschwend, Karl Hellwig, Piero Rismondo. 1984.

III: *Ein Leben*. Deutsch von Piero Rismondo. 1984.

IV: *Ein Mann wird älter*. Deutsch von Piero Rismondo. 1985.

V: *Autobiographisches Profil*. Deutsch von Ragni Maria Gschwend und Anna Leube. 1986.

VI: *Zeno Cosini*. Deutsch von Piero Rismondo. 1987.

VII: *Theaterstücke und Essays*. Deutsch von Ragni Maria Gschwend, Charlotte Jenny und Anna Leube. 1988.

Joyce-Briefe

James Joyce, Werke. Frankfurter Ausgabe. 7 Bände. Herausgegeben von Klaus Reichert, unter Mitarbeit von Fritz Senn. Frankfurt am Main: Suhrkamp Verlag, 1969-1981.

Band 5: »Briefe I. 1900-1916«. Herausgegeben von Richard Ellmann. Übersetzt von Kurt H. Hansen. 1969.

Band 6: »Briefe II. 1917-1930«. Herausgegeben von Richard Ellmann. Übersetzt von Kurt H. Hansen. 1970.

Band 7: »Briefe III. 1931-1941«. Herausgegeben von Richard Ellmann. Übersetzt von Kurt H. Hansen. 1974.

REGISTER